Emotional Control
情绪掌控术

受益一生的情绪心理学

文 竹◎著

中国商业出版社

图书在版编目(CIP)数据

情绪掌控术 / 文竹著. — 北京：中国商业出版社，2016.5

ISBN 978-7-5044-9379-8

Ⅰ.①情… Ⅱ.①文… Ⅲ.①情绪-自我控制-通俗读物 Ⅳ.①B842.6-49

中国版本图书馆 CIP 数据核字(2016)第 059017 号

责任编辑：姜丽君

中国商业出版社出版发行
(100053 北京广安门内报国寺 1 号)
010-63180647　www.c-cbook.com
新华书店经销
三河市三佳印刷装订有限公司印刷
*
710×1000 毫米　1/16 开　17 印张　250 千字
2016 年 6 月第 1 版　2018 年 5 月第 3 次印刷
定价：38.00 元
＊ ＊ ＊ ＊
(如有印装质量问题可更换)

序言

别让人生输给了心情

英国人写过一篇游记：

猎人在森林里捡了一只小老虎，并把它带回家。小老虎可爱极了，猎人精心喂养，看着它一天天长大。他们一起外出打猎，一起吃饭，睡觉时也彼此相拥。长到更大的时候，老虎还会驮着猎人满山遍野狂奔。但是，猎人始终没有忘记在口袋里放一把手枪，提防老虎兽性大发，进而伤到自己。

对每个人来说，情绪就像这只从小豢养的虎，随时会兽性爆发，而理智就是那把手枪，扮演着保护神的角色。

情绪变化万千，喜悦、幸福、感恩等正面情绪令人愉悦，是获取幸福的关键；愤怒、悲伤、仇恨、恐惧等负面情绪让人苦闷、烦恼，甚至失控。

努力掌控情绪，成为一个成熟稳重的人，待人接物保持良好的心境，做事就会思路开阔、反应敏捷、行动高效。反之，一个人过于情绪化，有一点儿风吹草动都表露在脸上，注定撑不起场面，很难有大的作为。

早上起床后，卡斯丁照例开始洗漱，随手把高档手表放在洗漱台的旁边。妻子担心手表被水淋湿，于是拿起来放到餐桌上。儿子走过来，准备拿餐桌上的面包，不小心将手表碰到地上，摔坏了。

卡斯丁心疼地看着手表，不容分说打了儿子的屁股，然后开始责骂妻子。妻子觉得很委屈，一再解释怕水把手表弄湿了。然而，卡斯丁反驳说，手表是防水的。就这样，两个人争吵起来。

真是一个郁闷的早晨，卡斯丁没有心情吃早餐了，直接开车去公司上班。刚到公司楼下，他突然想起忘了带公文包，于是急忙返回家。妻子上班去了，儿子上学去了，钥匙放在公文包里，卡斯丁被挡在门外，最后只好打电话向妻子求助。

随后，妻子急匆匆地往家里赶，慌乱中撞翻了路边的水果摊。摊主一再纠缠，最后她赔了钱才脱身。盼来妻子，开门拿到公文包，卡斯丁又匆忙赶回公司，结果迟到了15分钟，遭到了上司的严厉批评，心情坏到了极点。

如果连自己的情绪都控制不了，即便给你整个世界，你也早晚毁掉一切。虽然突如其来的遭遇会不期而至，但是你可以抚平心绪、理性面对，表现出强大的控场能力。

显然，比能力更重要的是心理素质！一个人最后在社会舞台上占据什么位置，绝大部分取决于控制情绪的能力。稳定心绪、从容不迫、游刃有余，才能与快乐为伴，与成功为伍。

一位员工抱怨："老板太苛刻，我已经无法容忍了！"

一位女白领唠叨："工作压力太大，我开始变老了！"

一位学生纠结："付出再多努力也看不到希望，我想放弃！"

一位经理感叹："今年的市场太糟糕了，看来回款计划又泡汤了！"

一位妻子发牢骚："邻居又买了一套更大的房子，我的命太苦了！"

上面这些人做了相同的选择——让别人影响自己的心情。对此，安东尼·罗宾有过精辟描述："你有什么样的感觉，你就有什么样的生活。"一个被冲动和绝望支配的人必然会失去全部的道德自由，随波逐流，最终成为命运的奴仆。

一切美德和成功都来源于自我控制。我们对情绪的所有感受和应对，都由自己决定。你成不了心态的主人，必然会沦为情绪的奴隶。掌控情绪，别让人生输给心情，你就是世界的主宰。

> 目录

引　子　情绪密码：那个在内心隐藏极深的家伙
情绪是人类与生俱来的语言　/ 2
别让不良情绪毁了你　/ 4
重视消极情绪的独特价值　/ 6
情绪影响人的身体机能　/ 8
为什么情商比智商更重要　/ 10

第一辑　情绪法则：掌控情绪，不再为小事抓狂

01 **思维决定情绪：
错误扭曲的认知导致消极情绪**
情绪源于你自己的想法　/ 16
认知如何将情感塑造成情绪　/ 17
改变消极的思维模式　/ 19
错在把简单的事情复杂化　/ 21

02 **环境塑造情绪：
你的情绪为何总被外界左右**
群际关系左右人的情绪变化　/ 24
触景生情是怎么回事　/ 25
同理心太强不一定是好事　/ 27
读懂情绪的文化心理学　/ 29

03 人格操控情绪：
别在该动脑子的时候动感情

男人和女人的情绪差别 / 32

哪种气质类型的人最易情绪化 / 33

性格决定命运，也操控情绪 / 35

你会正确表达情绪吗 / 37

第二辑 情绪控制：修炼情商，拥有强大自控力

04 情绪调节：
不惯着自己的人总能有好运气

充满鲜花的世界在自己心里 / 42

调节情绪是一门艺术 / 43

学会接受生活中的不完美 / 45

让错误和烦恼"到此为止" / 47

永远不要选择情绪对抗 / 48

05 情绪转移：
状态不好的时候换个事来做

情绪不好时转移注意力 / 52

不要预支明天的烦恼 / 53

只有愚蠢的人不懂得回头 / 55

利用逆向思维考虑并解决问题 / 57

06 情绪传导：
别让自以为是的人感染和同化你

不要小看情绪的传染力 / 60

正确处理他人的情绪 / 61

努力做一个有主见的人 / 63
沉住气，人生没有翻不过的山 / 65

07 情绪释放：
快速摆脱消极负面的不良体验
果断地丢掉情感垃圾 / 68
学会用努力战胜怒气 / 70
给自己松绑，才能走得更远 / 71
勇敢甩开一切束缚 / 73

08 情绪选择：
让积极成为你性格的一部分
生活失去了希望，就成了磨难 / 76
没有人能使你不快乐，除了你自己 / 77
心情不好时寻找感谢的理由 / 79
唯唯诺诺的人，在心理上没有长大 / 81

09 情绪平衡：
告别心理失衡才会快乐和自在
洒脱的人生需要学会释怀 / 84
想想那些不如你的人 / 86
对生活的期望永远不要太高 / 87
包容带给你无穷的力量 / 89

10 情绪优化：
有些无奈并不能影响人生的精彩
做一个善于欣赏生活的人 / 92
心境的控制是情绪的最高境界 / 93
主动适应无法避免的事实 / 95
自我纠正让你的内心更强大 / 97

第三辑　情绪管理：调适心理，别让人生输给了心情

11　抱怨情绪：
聪明人都在努力，你却抱怨不公平

小心，抱怨会吸引不幸　/ 102

心怀不满的人什么都做不好　/ 103

别让抱怨耗尽人生的美好　/ 105

永远不要等别人来成全你　/ 107

12　愤怒情绪：
生气是拿别人的错误惩罚自己

赶走心里那只愤怒的小鸟　/ 110

避免与人发生无谓的冲突　/ 111

走自己的路，让别人去说吧　/ 113

脾气来了，福气就没了　/ 115

13　焦虑情绪：
不是世界太喧闹，是你内心太浮躁

放不下是一切烦恼的根源　/ 118

别给自己太大的压力　/ 119

留不住的东西就尽力扔远点　/ 121

寻找你的社会支持　/ 122

和别人攀比，你会变得不自在　/ 124

14　忧郁情绪：
迷茫时，就去寻找生活的乐趣

打开紧锁的心门　/ 128

别让自卑毁了你的一生　/ 129

患得患失的人不得安宁 / 131

请把烦恼抛在脑后 / 133

想得开是天堂，想不开是地狱 / 135

15 悲伤情绪：
现实有多残酷，我们就该有多坚强

学会与痛苦的情绪相处 / 138

生命无常，请别辜负好时光 / 140

忘掉那些伤心的人和事 / 142

悲伤是快乐的另一面 / 143

任何苦难都不要放在心上 / 145

16 后悔情绪：
不要让过去的记忆，折磨现在的自己

有些事情不必放在心上 / 148

别为打翻的牛奶哭泣 / 150

人生没有第二次选择 / 152

路过的都是风景，留下的才是人生 / 153

眼前的一切都是最好的安排 / 155

17 挫折情绪：
任何打击都不应该成为你堕落的借口

把挫折当做"家常便饭" / 158

在跌倒中进步，在失败中求索 / 160

世界更偏爱有力量的人 / 161

苦难时，学会用左手温暖右手 / 163

无论失败多少次都不放弃 / 165

18 恐惧情绪：
在不安的世界里，找回内心的安全感

在输得起的年纪，遇见勇敢的自己 / 168

其实，你比想象中更强大 / 170

深沉与非理性是恐惧感的特质 / 171

承认恐惧是接受恐惧的开始 / 173

在无法信任的熟悉世界中彷徨 / 175

19 仇恨情绪：
宽恕他人，其实就是放过自己

仇恨是用变形的镜子看世界 / 178

尝试着把怨恨留在身后 / 179

即使是尖锐的批评，也不要念念不忘 / 181

身上不要永远背着仇恨袋 / 183

20 猜忌情绪：
对心灵来说，相信比怀疑要轻松得多

不揣测是最高程度的自尊 / 186

搬掉猜疑这块石头 / 187

相信自己不是无用之人 / 189

最大的痛苦是不被人信任 / 191

21 偏执情绪：
一较真你就输了，一认真你就赢了

抛弃头脑中固有的偏见 / 194

不因直性子而四处碰壁 / 195

有些事情不能太较真 / 197

追梦路上，靠得不是一腔热血 / 199

不惯着自己的人总能有好运气 / 201

22 孤独情绪：
人生要耐得住寂寞，经得起诱惑

当你孤单时你会想起谁 / 204

千回百转中，请学会告别 / 205

幸福可以只是你一个人的隐私 / 207

学会从人生舞台体面地退场 / 209

第四辑　情绪策略：摆正心态，你就是世界的主宰

23 社交情绪：
洞察情绪才能更好地与人相处

学会分析别人的情绪 / 214

与人交往多一份理解与宽容 / 216

克服"社交紧张"情绪 / 217

别因直性子破坏了来之不易的关系 / 219

提升对方的权威度能赢得好感 / 220

24 工作情绪：
不努力，谁也给不了你想要的生活

世界不曾亏欠每一个努力的人 / 224

驱除自我否定的负面情绪 / 225

这个世界上，没有人能阻挡你成功 / 228

牢记一万小时的成功准则 / 230

工作可以枯燥，但心不能浮躁 / 232

25 婚恋情绪：
即使爱情已逝，也要心存美好

保持距离，别让"他"厌烦你 / 236

请立刻停止致命的唠叨 / 237

争吵时，撒娇比讲道理更有效 / 239
陪伴是最长情的告白 / 241

26 育儿情绪：
再忙也要当好孩子的情绪教练

情绪是孩子内心的朋友 / 244
多动症缘于情绪固化或混乱 / 245
全力救赎孩子的任性情绪 / 247
学会分享情绪，才能亲近孩子 / 249

27 管理情绪：
只有控制好自己，才能领导他人

高情商领导都是情绪的主人 / 252
非理性决策带来厄运 / 253
创造接纳沟通的情绪氛围 / 255
开展有效的情绪管理 / 257

> 引 子

情绪密码：那个在内心隐藏极深的家伙

神经生物学家安东尼奥·达马西奥提出，所谓的情感状态，实际上主要是大脑构建出来，用以诠释身体反应的一个"故事"。也就是说，大脑对环境的评估结果，决定了被激发的情绪是什么。

改变对特定事物的看法，就能够改变之相对应的情绪。某次因一时冲动而向友人爆发的愤怒，可能在反思之后转为"愧疚"。那段曾让你既悲且恨的恋情，会在释怀之后变成一种"遗憾"。情绪，的确是个令人捉摸不透的东西。

情绪是人类与生俱来的语言

清晨，妻子柔声说："早安，该起床了！"你睡眼惺忪之中顿时感觉身心舒畅；上班途中堵车了，你夹在车队中进退不得，眼看快迟到了，心情立刻烦躁起来……从开心到堵心，呈现的是一种明显的情绪变化。

"情绪"到底是什么，来自哪里？《牛津英语词典》给出了这样的解释："情绪是一种不同于认知或意志的、精神上的情感或感情。它是主观意识的经验，会影响人的行为。"

早在 1830 年以前，没有人真的感受到了"情绪"。那时候，人们体验到的是激情、灵魂的意外或道德情操。17 世纪中期，经验科学的诞生为现代情绪概念的提出奠定了基础。19 世纪初，哲学家托马斯·布朗认为，人类理解身体的方式需要一个新的名称，并提议称之为"情绪"（emotion）。

从心理学的角度分析，情绪是"人对于自我需要或目的之情况所产生出的反应。"具体来说，包括生理变化、主观感觉、表情特征、行为冲动等内容。也就是说，情绪的表达是从生理、心理到表情、动作的连锁反应。

比如，一个人遭到羞辱以后，身体立刻会出现一系列变化——心跳加快、血流加速、呼吸急促等，这是情绪的生理变化。然后，他会觉得非常不舒服，从而感受到"我生气了"，这是情绪的第二阶段。接着，进入情绪的第三阶段——产生相应的面部表情和动作，比如眉毛紧锁、嘴角下垂、肌肉紧绷等。

霍华德经营医疗器材生意，平时工作很忙，有时候甚至接连几个星期都在外地。也许是因为陪伴家人的时间太少了，儿子越来越叛逆，令人十分头疼。

有一次，他从外地回到家，本想洗个热水澡，好好睡一觉。不料，学校打来电话，说他儿子已经连续三天逃课。听到这个消息，霍华德大为恼火。他气急败坏地在客厅里喊儿子的名字，遗憾的是没有人回应。推开儿子卧室的门，里边空无一人，他不得不外出寻找。

后来，霍华德在附近的一个篮球场找到了儿子，顿时大发雷霆。回到家，他已经十分疲倦，但儿子丝毫没有认错之心，甚至一进门就跑回卧室，并锁上了房门。

此时，电话响起，助理询问新开发的产品对外如何报价。尽管霍华德接电话的时候平复了一下情绪，但说话的语气并不友好，三言两语后便匆匆挂断了电话，并索性拔掉了电话线。

第二天，霍华德回到公司，才发现昨天失去了一单大生意。原来，一家客户对公司新产品感兴趣，所以助理打来电话询问报价。霍华德正在气头上，三言两语搪塞过去，并拔掉了电话线。最终，糟糕的情绪毁掉了生意。

儿子逃课，令霍华德非常恼火；助理打来电话，正在气头上的霍华德显得很不耐烦；第二天发现生意丢了，霍华德后悔不迭……这一连串的事件导致霍华德产生不同的情绪反应，也一步步影响到事态的发展。

"情绪"是难以捉摸的东西，令人猝不及防。心理学家研究发现，所有人都有六到八种基本情绪，包括愤怒、快乐、悲伤、恐惧、厌恶和惊讶，它们是人类与生俱来的语言。

今天，研究各种情绪是如何被感知并表现出来的，有助于理解人类的感情生活与心理体验，从而充分地认识自己、了解他人，与周围的环境建立更紧密、融洽的良好关系。

事实上，工作和生活从来都不是一帆风顺的，喜怒哀乐是它的底色。但是，一个理智的人不会让负面情绪影响到自己的决策和判断。对每个人来说，读懂情绪并学会自我控制，是一生的修行。

> 情绪盘踞在体内，操控了每个人——或高兴，或伤心，或生气，或焦虑，支配着人们做出种种怪异的、不可理喻的非理性举动。认识并理解情绪，是让你受益一生的读心术。

别让不良情绪毁了你

英国人写过一篇游记，猎人在森林里捡了一只小老虎，并把它带回家。小老虎可爱极了，猎人精心喂养，看着它一天天长大。他们一起外出打猎，一起吃饭，睡觉时也彼此相拥。长到更大的时候，老虎还会驮着猎人满山遍野狂奔。但是，猎人始终没有忘记在口袋里放一把手枪，提防老虎兽性大发，进而伤到自己。

对每个人来说，情绪就像这只从小豢养的虎，随时会魔性爆发，而理智就是那把手枪，扮演着保护神的角色。

情绪变化万千，爱、希望、感恩等正面情绪令人愉悦，是获取幸福的关键；愤怒、悲伤、仇恨、恐惧等负面情绪会让一个人失控，无法掌控自己的言行。显然，多一些理性思维和正面情绪，能降低负面情绪的不良影响和破坏作用。

当年，铁血宰相俾斯麦能够力挽狂澜，带领德国走上强国之路，离不开国王威廉一世的信任与支持。而后者情商极高，善于处理各种不良情绪，显示了一个领导者应有的素养。

有一天，威廉一世回到后宫，气得乱砸东西。王后看到这种情形，关切地问："俾斯麦那个老头子又让你生气了吧？"

"是呀！这个老头太顽固了，根本不把我放在眼里。"威廉一世坐下来，看起来余怒未消，又无可奈何。

听到这里，王后说："一个国家的君主怎么能忍受大臣的责难呢？干脆罢免了俾斯麦，找一个听话的人替代他。"

可是，威廉一世并不赞同这么做，反而帮俾斯麦说好话："作为大国的首相，他要领导很多人，难免有各种烦恼。他受了气怎么办啊，只好冲我发泄！我身为一国之君又能怎么办呢？只好摔东西！"

身为一国之君，威廉一世非常清楚俾斯麦对德国的重要意义。因此，即使后者桀骜不驯，他也没有当面大发雷霆，而是回到后宫发泄不满。在卑斯麦面前，威廉一世没有成为不良情绪的俘虏，展示了宽容、识大体的风度，是高情商的表现。

不良情绪极具破坏力和杀伤力，甚至能毁掉一个人。比如，期待已久的晋升机会被另一个同事得到，当事人很容易情绪低落，甚至变得愤怒。如果无法摆脱愤怒，还可能作出一些过火的举动，让自己陷入厄运。

一个人产生情绪波动，有怎样的内在逻辑呢？研究表明，受到外界刺激，人们在心理上会产生三种情绪状态：心境、激情和应激。

第一，心境。这是一种具有感染性、平稳而持久的情绪状态。通常，有怎样的心境就有怎样的情绪体验，并以此看待周围的人和事。比如，伤感时看到秋天的景色会觉得凄凉，就是一种消极的情绪状态。

第二，激情。这是一种快速爆发、短暂而强烈的情绪体验。比如，听到批评声暴跳如雷。在激情状态下，人很容易失去理智，表现出冲动、鲁莽的一面。

第三，应激。这是在意外、紧急情况下产生的适应性反应。比如，一个人遇到危险时会呼吸急促、心跳加快、血压升高。应激状态会消耗人的体力和心理能量，如果持续时间过长容易导致各种疾病。

受到不良情绪的影响，人们会心境不佳，做出过激行为，让整个人生失控。如果不想成为情绪的奴隶，就要避免情绪化。

经验表明，比能力更重要的是心理素质，一个人是否幸福并有所作为，绝大部分取决于控制情绪的能力。情绪稳定、处变不惊、游刃有余，这样的人才能与快乐为伴，与成功为伍。

> 每天，不良情绪都会乘虚而入，损害我们的心智和健康。时刻保持好心情，不让负面情绪上身，才能拥有好状态。一旦出现过激行为，要注意调控自己的情绪，平复紧张、冲动的心理。

重视消极情绪的独特价值

消极情绪让人压抑、失落、烦闷，为生活蒙上了一层阴影，许多人对它敬而远之。但是，任何事情都有好、坏两个方面，消极情绪也有其独特的价值。

比如，表达愤怒有益于身体健康。罗杰·培根说，"怒火的爆发可以延缓衰老的过程，因为它会让身体变暖，抵消老年的冷却效果。"心理学家认为，愤怒能带来生命的热情和青春的光辉，有时候是必需的。

还有的人终日无所事事，生活无聊透顶，这种彷徨恰恰是改变自我的机会。因为，当一个人感到不满、无趣的时候，才会寻找另一种生活方式，步入人生的下一场。对此，美国人类学家拉尔夫·林顿说："人类感觉到无聊的能力，而非社会或自然需求，才是文化进步的根源。"

不要因为哭泣而认为自己是一个懦弱的人，没有人永远足够坚强；也不要因为抱怨而后悔不迭，那其实是一种倾诉方式……每一种情感都值得认真体会、感悟，学会诚恳地体验消极情绪能让你的内心更饱满。

汤姆成为一名保险推销员已经3个月了，业绩是新晋员工中最差的。工作中，客户经常冲他发火，部门经理也多次批评他能力欠佳。为此，汤姆更加努力地工作，但是结果仍然不理想。

后来，汤姆专门请教一个资深的老员工强尼，希望改变自身的境遇。强尼没有给出任何建议，而是让汤姆帮忙去买一杯咖啡。

咖啡买来了，强尼看了一眼，立刻洒到地上，说："我喝的不是这家的咖啡。"没办法,汤姆又去另一家店买咖啡,但是这次强尼才喝了一口,就说:"我不喜欢咖啡加太多糖。"随后,又把咖啡洒到地上。

反复多次,强尼故意难为汤姆。最后,汤姆发火了,忍无可忍喊道:"你不愿意帮忙别勉强,何必这么折腾人呢?"

忽然,强尼大笑起来,然后说:"不可否认,我在故意激怒你。只有你体会到了愤怒,才能明白如何平息别人的怒气。多体验一下这种糟糕的情绪,对你很有帮助。"

汤姆顿时醒悟了,自己以前从来不知道如何面对发火的客户。现在,他体验到了这种感觉,以后就能避免惹人发怒,也知道了如何处理别人的坏情绪。

情绪无所谓好与坏,不同层次的心理变化都是特定的信号,是对外界信息的一种感应与反馈。通常,正面情绪传递的信号是,"我得到了期望的意义与结果";而负面情绪传递的信号是,"原来的做法行不通,需要变一下"。

几十年前,美国就做过一项研究,结果表明:长期保持乐观的老人反而容易有残疾或猝死的风险,而不定期释放消极、悲观情绪的老人更健康,也更长寿。由此看来,让消极情绪释放出来,对人体健康有积极的帮助作用。

体验消极情绪是面对创伤、认清现实,净化心灵的过程,能意外地帮你面对自我,并在内心激起强烈且令人无法漠视的反省,不再沿用习惯性的心理准则。可以说,从消极情绪中汲取智慧,是心灵成长的过程,有助于我们不断地发现更深层次的生活经验。

总之,情绪低落、消极不要紧,诚恳地体验、感受它们,然后想办法来应对,更容易找到摆脱困境的有效方法。

> 感受过消极情绪的人,更有可能通过痛苦、消沉等情绪障碍获得重生,这是一种"化蚕成蝶"的过程。

情绪影响人的身体机能

每个人都渴望拥有幸福的人生，渴望快乐地过好每一天，并追求健康长寿。为此，注重饮食，提升生活品质，关心天气变化等，就成了人们日常生活的主题。不可否认，这些做法都值得关注。但是，有一个非常重要的隐形因素往往被忽略，那就是情绪。

积极、愉悦的情绪让人心情开朗，有利于身体健康；消极、忧虑的情绪让人烦闷失落，会影响人体机能，损害健康。甚至有人说，"忧虑"是影响人类长寿的克星。

生活中，很多人因为过度忧虑及情感冲突而精神崩溃，他们生活在一个悲观消极的世界里，情绪不稳定，进而产生了严重的心理问题。但是，周围的人却没有太注意他们的变化，这样的人怎么能有健康的身心呢？

法国著名哲学家蒙田，在被家乡人民推举为市长时说："我们用双手去处理烦人的日常工作，但注意不要让工作影响到肝、肺、血液。"人们因生活中的烦心事产生不良情绪，然后引发疾病，影响到身体健康，这种教训太深刻了。

美国南北战争中，格兰特将军打败了李将军的部队。李将军烧毁了棉花和烟草仓库，也点燃了兵工厂，然后弃城而逃。虽然取得了胜利，但是格兰特却感到剧烈的头痛，并且产生了眼疾，最后不得不离队休息。

后来，格兰特在农户家里过了一夜，用冰冷的芥末水泡脚，还把芥末药膏贴在两个手腕和后颈上。第二天，他居然康复了。不过，这并非芥末的功劳，而是李将军的投降书。当时，头疼不止的格兰特看了李将军的降书，立刻放松身心，头也不疼了。

格兰特并不是因为打仗受伤而产生病痛，根源在于忧虑过度。因此，一旦情绪好转，病痛就消失了。许多人面对巨大压力的时候，也会因为忧虑过度产生身体不适，并因为紧张过度而失眠、腹泻等，也是情绪在背后捣鬼。

早在中世纪，欧洲的医生已经意识到了生物化学和人的性情之间存在联系。他们认为，人类的性格与其体液有关，血液、黏液、胆汁（黄胆汁）和抑郁液（黑胆汁）这四种体液保持平衡，人体才会健康。今天，人们已经明确知道情绪对身体内环境的强大影响力，比如关节炎、风湿病、胃溃疡等疾病，与长期精神紧张有莫大关系。

爱德华·波多尔斯基博士写过《除忧去病》一书，其中描写了忧虑所产生的一系列疾病，如头疼、感冒、高血压、心脏病等。这提醒人们，为了保持身体健康，务必要放下烦恼，做到内心愉悦。

负面情绪对人体健康十分有害。科学家研究发现，经常发怒和充满敌意的人很容易患上心脏病。哈佛大学曾经调查了1600名心脏病患者，发现他们当中经常焦虑、抑郁和脾气暴躁者比普通人高3倍。一家研究机构追踪122名心脏病患者8年，结果发现最悲观的25人中，有21人死亡；最乐观的25人中，有6人死亡。

除了影响身体健康，情绪还会左右人们的判断能力、想象能力、运动能力。在竞技比赛中，由于紧张、焦虑影响水平发挥，最后遗憾而归，这样的例子数不胜数。反之，一个人心情好、状态佳，做事的时候就会水到渠成，不容易出差错，这都是情绪作用的结果。

人们生存的环境很复杂，但是健康乐观又长寿的人比比皆是。这些幸运的人往往善于梳理自己的思绪，懂得转化不良情绪，避免长期处于忧虑的状态下。高情商的人懂得保持内心安静，不随外界事物的起伏变化而产生极端的心理，因此成为命运的主宰。

> 威利·卡瑞尔博士曾经说过："在现代城市的混乱中，只有能保持内心平静的人才不会变成神经病。"

为什么情商比智商更重要

情绪是一股强大的心理能量,如果调控得当,会提高人们的注意力、警觉性,呈现出心理素质佳、大局观念强等高情商特征。反之,如果情绪失控,一个人就如一匹脱缰的野马,成为情绪的奴隶,从而在工作、生活各方面表现出低情商的特性。

研究表明,人们在观念、情感等方面会无形中接受外界环境的影响,进而影响到行动。一旦进入积极的情绪状态中,人们会在心理上变得更坚强、勇敢,也更有韧性和抗压能力,并取得令人惊艳的进步。

罗伯特·罗森塔尔是美国著名心理学家、加利福尼亚大学教授,他曾经和助手雅各布森对一所小学各个年级的学生做过"智商测试"。

测试结束之后,罗森塔尔拟定了一份名单,然后对老师说:"根据调查,这份名单上所列学生的智力水平超出了同龄人,他们的前途不可限量。为了保证这次测试的公正性,我希望老师们能够将这份名单保密。因为这项测试和研究是一个艰巨的课题,也许十年之后才能得到答案。等时机成熟了,自然会公布答案。"

随后,每位老师都得到了一份"天才学生"名单。大约过了八个月,罗森塔尔和助手又回到了学校。他们开始对这些学生的个人成绩、在校表现进行较为详细的统计调查。结果,他惊喜地发现,在过去8个月的时间里,这些"天才学生"的学习成绩有了大幅提高,而且在为人处世、待人接物等方面也有了很大进步。

原来,罗森塔尔从一开始就"欺骗"了老师,那份"天才学生"名单无疑在暗示他们:要在以后的教学中对这些优秀分子加以优待。而受到优待的学生,也会认为自己就是所谓的"天才",从而在积极心理暗示的引导下努力学习,最终取得了好成绩。

事实上，"天才名单"中的学生只是随机抽取的，这些人在智商方面并没有什么过人之处。只不过，他们得到心理暗示后，在情绪上积极乐观，越来越努力地表现自己，经过一段时间后有了巨大进步。

在上面的故事中，"心理暗示"其实就是一种情绪激发，当事人在情感、素养方面保持良性状态，所以学习成绩有了突飞猛进，甚至在为人处世方面也令人刮目相看。通过比较可以发现，情商比智商更能促成个人发展，并帮助其走向成功。

一位女士在一家肉类加工厂工作。这一天，当她走进冷库例行检查时，门意外地关上了。此时，大部分工人已经下班，她被锁在冷库里，根本无人发现。她竭尽全力喊叫，并敲打冷库的门，但是没有人能够听到。

几个小时后，她冻得浑身发抖，几乎绝望了。频临死亡的边缘，她开始回想这一生……忽然，冷库的门打开了，工厂保安最终救了她。

后来，这位女士问保安："你为什么会去开门？这不是你的日常工作。"保安说："我在这家工厂工作了35年，每天有几百名工人进进出出，但是只有你在上班的时候主动向我问好，下班的时候主动跟我道别。所以，我对你印象深刻。"

"今天早晨，你照例对我说了一声'你好'。但是下班后，我却没听到你跟我说'再见'。你每天的问候让我很开心，自然我也会关心你。今天没有听到告别声，我知道可能发生了什么事，所以才在工厂里四处找你。"

这位女士能够起死回生，与其说善良的保安救了她，不如说她拯救了自己。平日里处处与人和睦相处，重视身边每一个人，如果没有足够的耐心和教养，显然做不到这一点。无疑，她是一个热爱生活的人，情感丰富，情商也很高。这种谦卑、友善的个性影响了保安，也让后者在关键时刻帮助了自己。

> 一个人有怎样的命运，能做出怎样的成就，虽然与周围的环境有关，但是终究取决于本人。与智商相比，情商更能左右一个人的思维、判断，并影响其行为。

第一辑
情绪法则
掌控情绪,不再为小事抓狂

希腊哲学家埃皮克提图:"人的烦恼并非来源于实际问题,而是来源于看待问题的方式。"此外,环境、人格等因素也影响着情绪的形成、发展,带来不同的情绪体验。

情绪以很快的速度形成,快到人们甚至无法察觉。这种速度能够在危急时刻救我们一命,也能够在一瞬间破坏我们的生活。

> 第一章

思维决定情绪：错误扭曲的认知导致消极情绪

希腊哲学家埃皮克提图说："人的烦恼并非来源于实际问题，而是来源于看待问题的方式。"你的认知就是你一贯看待事物的方式。这种思维会下意识地钻入脑海，而且对你的感受产生相当大的影响。

情绪源于你自己的想法

抑郁、烦闷的时候,你可能认为坏心情是由一些倒霉的事引起。比如,工作不顺利,被心爱的人拒绝,或者因出门忘带伞而淋雨。事实上,生活中的喜怒哀乐都来源于我们的认知,也就是对自己、他人及环境的认识和判断。

对此,心理学家指出,情绪是人的一种心理想法,表现为对各种事物的态度,并通过人的肢体动作及面部表情展示出来。

"思维决定情绪",并不是什么新观点。两千年前的希腊哲学家埃皮克提图也有过类似的论述,他说:"人的烦恼并非来源于实际问题,而是来源于看待问题的方式。"而《圣经·旧约》中的《箴言篇》,则有这样一段话:"因为他心怎样思量,他为人就是怎样"。

有一次,英国著名戏剧家萧伯纳访问俄国。为了了解当地的风土人情,他每到一个地方都要独自外出转一圈。

这一天早上,萧伯纳正在街上散步,碰到了一位可爱的小女孩。于是,他停下来,和她一起玩耍。小女孩口齿伶俐,也很有礼貌,萧伯纳非常喜欢她。

临别时,萧伯纳笑着说:"小姑娘,你知道我是谁吗?"小女孩摇摇头。

然后,萧伯纳高傲地说:"一会儿回到家告诉你爸爸妈妈,就说今天和世界闻名的大作家萧伯纳一起玩了!"

小女孩眨了眨眼睛,然后天真地说:"知道我是谁吗?记住,刚才和你一起玩的是克里佩斯莱娅!"

听到这里,萧伯纳立刻意识到自己刚才讲话太傲慢了。看着眼前纯真、可爱的小女孩,他竟一时手足无措,脸上也不禁有些发热。

上面的故事生动地展现了一条有力的原则——情绪源于你自己的想

法。认知是一种思维或心态,是一个人看待事物的一贯方式。在不同场合,这种思维会下意识地左右人们的分析、判断和情感。

有的人以为自己不如别人,所以每天过得都不快乐;有的人会固执地认为自己不聪明、缺乏魅力,所以陷入了深深的自卑中;有的人习惯怪罪他人,所以活在抱怨的世界中;而几乎所有抑郁的人都认为,自己乃至整个世界正面临着某些棘手的问题,有点儿坏心情是不可避免的,也是正当合理的。

一个人有怎样的想法,就有怎样的人生和命运。对此,莎士比亚也说过:"世间本无好坏,只是想法使然。"

事实上,在决定情绪的各个要素中,思维发挥的作用远远超出你的想象。因此,在抑郁症治疗领域,认知疗法已经成为全球应用最广、参与研究人数最多的心理疗法之一。这一理论侧重实际操作,让人一接触就会产生强烈共鸣,治疗效果也非常理想。关于这一点,许多研究报告都有印证。这也从一个侧面告诉我们,认知对情绪发挥着决定性作用。

> 改变错误、不合理的认知和想法,就可以改变心态,甚至改变价值观和信念。它带来的变化是巨大而持久的。如果你能做到这一点,心情一定会好起来,视野也会更开阔,工作起来也会更努力。

认知如何将情感塑造成情绪

欧文·H.歇尔教授是美国最受推崇的"领导艺术"权威。他说:"一个人取得各项成就,除了条件和能力,还取决于其它因素。我坚信,起催化作用的因素是态度。当人们的态度正确时,能力便会充分发挥出来,从而取得一个个可喜的成就。"

歇尔教授所说的"态度",就是一个人对万事万物应有的认知,也是内心深处的真实想法。每个人在"认知"的作用下产生特定的情感,或厌恶，或喜欢，或愤怒，或伤心……表现为特定的情绪。

认知将情感塑造成情绪，经历了怎样的过程？为什么你会"觉得"幸福，而他会"感到"生气呢？情绪到底是怎么产生的？心理学家詹姆士（W.Jamee）认为，人们能够辨识不同的情绪，是因为每种情绪都有特定的生理模式。

比如，一个人生气时会心跳加速、血压升高，这些生理变化被大脑辨识、确认后，就会得知其符合"生气"的生理模式，从而"感觉"到自己生气了。又比如，发生地震的时候，人们的肾上腺素分泌增多、心跳加快，于是大脑认为自己处于"害怕"情绪中。也就是说，人受到刺激产生特定的生理变化，进而感受到特定的情绪。

1848年9月13日，年轻的菲尼斯·盖奇在美国佛蒙特州铁路建设工地上工作，负责爆破岩石。一颗火星意外地点燃了炸药，铁撬从盖奇的左颧骨下方穿入头部，并从眉骨上方伸出来。

被铁撬击倒后，盖奇的左前部颅骨几乎完全被损毁。幸运的是，他活了下来，并在10周后出院了。随后，盖奇逐渐恢复体力，又可以工作了。

虽然头上有个洞，但是盖奇能像正常人一样说话，思维也很清晰。唯一的变化是，盖奇的行为和性格与以往大不相同。身边的朋友发现，原来能力出众、灵活机敏的盖奇不见了，变成了一个缺乏耐心、粗俗无礼的人。

经过检查发现，盖奇智力正常，但是脑部创伤严重损害了他的情绪能力。也就是说，盖奇无法理解情感，对他人的喜怒哀乐变得无动于衷。结果，他在工作中很难与人合作，最终丢了工作。此后，虽然多次尝试新的职业，但是都无法持续，于1860年因癫痫发作去世。

盖奇的故事提醒人们，无法理解情感和情绪是多么可怕。一个人保持理性还远远不够，必须感受到情绪变化，才能理解这个世界，并与外界融洽相处、达成合作。

人体的生理反应是无法控制的，但是我们可以通过无意识的身体表现意识到情绪来了。比如，看到逗趣的事情会大笑，产生快乐的体验。感觉开心、愉悦，这是对"快乐情绪"的解释。我们能够意识到自己的感受，并在此基础上做出决定——开心的时候更容易接受他人的建议。

显然，情绪的产生除了借助生理反应的辨识，还有赖于人为的主观思考及判读，即特定情感指向。人是情感动物，因此时时刻刻都被情感左右；同时，准确理解他人的情感，是正确决策的前提。因此，能否有效地使用情感，而不是抑制或者限制情绪，能充分考验一个人的情商能力。

> 生活中，人们接受外界刺激，产生特定的生理变化，进而感受到某种情绪。反过来，人的生理状况也会随着情绪波动而产生特定的变化。根据这一原理，发明了"测谎器"。具体来说，其基本原理是：一个人说谎的时候会产生紧张、焦虑等感觉，进而不由自主地产生特定的生理反应；由此，有经验的人就能判断出当事人是否在撒谎。

改变消极的思维模式

神经生物学家安东尼奥·达马西奥（Antonio Damasio）提出，所谓的情感状态，实际上主要是大脑构建出来，用以诠释身体反应的一个"故事"。也就是说，大脑对环境的评估结果，决定了被激发的情绪是什么。

因此，改变对特定事物的看法，就能够改变之相对应的情绪。某次当时因自觉占理而向友人爆发的愤怒，也可能在反思之后转为愧疚。那段曾让你既悲且恨的初恋，会在大脑的评估变为"释怀"后变得不再负面。

面对糟糕的状况，以及危机情况，人们难免产生焦虑、担心和恐惧等负面情绪。眼前的情景已经很窘迫了，如果再增添这么多负面因素，无疑是雪上加霜。

许多人在消极思维模式的影响下，满眼都是糟糕的事情正在发生。是时候转换思维方式了，生活不需要痛苦、悲观和担忧，它们会让局面变得更糟。当危机、冲突和忧虑突然降临的时候，你需要用爱心、怜悯、接纳和理解去应对，寻找解决问题的正确方法。

本·佛森失去了双腿，但这并没有影响他活出自我，演绎出一段精彩的人生。从失败中获益，一切都源于积极的思维模式。

有一天，本·佛森到山上砍伐木材，车装忙以后便准备返回。车急转弯的时候，忽然有一根木头滑下来，卡住了车轴。本·佛森立即被甩到旁边的一棵树上，不但伤到了脊椎骨，而且双腿从此瘫痪了。

当时，本·佛森年仅24岁，正是青春年少的时刻。就这样在轮椅上度过一辈子吗？他不甘心。一开始，这个年轻人极度怨恨命运的捉弄，但是他很快意识到，这对自己毫无帮助。

于是，经历了一段彷徨和抱恨之后，本·佛森开始找到属于自己的全新人生。他开始认真读书，并对文学产生了兴趣。这让他开阔了眼界，也丰富了人生。闲暇之余，他还学会了欣赏美妙的音乐，一个人的时候听着美妙的曲子，再也不会感觉孤单。

当然，最重大的转变是他开始认真思考人生。静下心来认真观察这个世界，终于悟到以往那些无聊的琐事毫无价值，把时间和精力花在有意义的事情上才不虚此生。

广泛阅读之后，本·佛森逐渐对政治产生了兴趣。此后，他花费大量时间研究公众问题，并尝试着坐在轮椅上演讲。于是，他认识到更多优秀的人，并被大家关注。后来，他凭借才干担任乔治亚州州秘书长一职。

卡尔博士说："世界上有两种人，一种人认为自己是应得报酬与应受惩罚的依据，另一种人认为报酬和惩罚是诸如运气、天气和他人等外部因素带来的。通常，前一种人更乐观，心理能量更强，更有可能通过积极行动改善糟糕的现状。"

陷入困境的时候，你要相信自己能掌握个人命运，能够解决问题并突破困境，然后积极的思维模式会引导你夺取胜利。如果一番努力之后你仅仅得到了一个酸柠檬，那就把它榨成柠檬汁吧，明智的人永远不会消极思考问题。

经验表明，流露出负面情绪会将你与周围的负能量联系起来。比如，过分担忧会吸引那些你不想要的东西。难怪有人说，担心什么就会得到什么。如果你想保持积极乐观的情绪，首先要改变消极的思维模式。做不到这一点，任何人都无法帮你从不良情绪中解脱出来。

> 学会积极乐观地思考，必须多与他人交流。此外，观察和阅读也能激发积极的情绪，平复内心的失落、不满等负面情绪。

错在把简单的事情复杂化

生活中有许多烦心事，令人应接不暇。许多人因此陷入紧张、焦虑的状态，身心疲惫。不过，有些烦恼是自找的，而问题的根源是你想得太多，结果把简单的事情复杂化。

为了应对日益增多的客流，圣地亚哥的艾尔·柯齐酒店准备增加几部电梯。工程师、建筑师坐到一起商量对策，决定在每层楼的地面上打一个洞，并在地下室安装马达。

但是，这种方案会导致酒店内尘土飞扬，引起客人不满，从而影响到酒店的声誉和服务质量。酒店负责人与工程专家在楼道里商讨对策，争得面红耳赤，一时间情绪激昂。

正在旁边扫地的清洁工听到争论，走过来说："在每个楼层钻洞的确不是好办法，不但现场会变得一团糟，而且尘土清扫起来很麻烦。"

工程师转过身，对清洁工说："那怎么办，难道停业再施工吗？"听到这里，酒店负责人急忙说："坚决不行，如果这么做会让顾客误认为酒店倒闭了，生意肯定会一落千丈。"

看到大家急切的样子，清洁工说："我有一个好方法，既能按时把电梯装好，还能省去不少麻烦。"工程师和酒店负责人不约而同地投来期待的目光，清洁工接着说："把电梯装在酒店外面。"

听到这里，工程师与酒店负责人面面相觑，不禁为这个绝妙的点子叫好。这就是近代建筑史上的室外电梯，它开启了一次施工革命。

这个世界原本是简单的，但是习惯把问题复杂化会让我们失去正确思考的能力，并因无法从中解脱而变得情绪失控。一味地把事情复杂化，不惜钻牛角尖，最后一定没有退路。

请尝试着作出改变，学会简单思考问题，不再为身边的小事抓狂。如果让你区分水和酒，不必费尽周折去猜测，只要上前闻一闻就知道答案了。一个人想轻松应对这个世界，首先要学会简单思考。

第一，学会正常沟通，准确掌握事情的来龙去脉。许多人把简单的事情复杂化，一个重要原因是不善于沟通，结果无法掌握真实有效的信息，最后因错误的决策导致无法收拾局面。

第二，学会勇敢面对，大胆接受眼前的挑战。无法面对既成的事实，选择逃避和放弃，必然无法进行正常思考，从而离正确的轨道越来越远。

第三，学会理性接受，不做情绪化的奴隶。遇到麻烦事，有些人无法接受，会变得情绪失控。失去了理性思考能力，自然会把简单的事情复杂化，导致无法收场。

> 别想太多，真的没什么用。生活中有各种麻烦和磨难，每个人都要学会理性面对，不必把简单的事情复杂化。按正常的逻辑判定生活，相信自己有能力应对挑战，相信有更好的事情等着你，就不会杞人忧天了。

第二章

环境塑造情绪：你的情绪为何总被外界左右

　　情绪产生的前提是脑对环境的评估，同样的刺激可能得到不同的"诠释"。群际关系、社交场合、文化习俗等都能影响人们的分析和判断，形成特定的情绪体验。

群际关系左右人的情绪变化

一个人产生不同的情绪体验，很大程度上是因为受到周围人群的影响。在特定的群际关系中，人们会成为组织、团队、群体的一份子，产生特定的价值认同、心理认同，也在情绪上被这种特殊的环境左右。

在这个世界上，没有人能够完全脱离环境的影响。同事受到批评，你会产生担忧；邻里关系紧张，你很难有好心情……群际关系左右人的情绪变化，甚至这种体验会成为个体自我心理的一部分。

春天来了，树木发芽了，小草也开始变绿。然而，小城的贫民区没有任何变化。走在街道上，看不到一丝生气，感受到的只是嘈杂和混乱。

孩子们穿上漂亮的新衣服去上学，唯独住在贫民区的一个小姑娘还穿着破旧的衬衫，因为她只有一件衣服。

这个小姑娘学习成绩很好，但是看上去太邋遢了，头发乱糟糟的，衣服从来没有换过。老师看不下去了，给她买了一件漂亮的红色连衣裙。接过礼物的那一刻，小姑娘高兴得脸颊都红了。

第二天，小姑娘穿着漂亮的红裙子来到学校，头发梳得整整齐齐，脸也洗得干干净净。丑小鸭一夜之间变成了小公主，同学们羡慕不已。她高兴地对老师说："妈妈看我的红裙子，高兴极了。爸爸出门找工作了，晚上一定会感到惊喜。"

果然，爸爸晚上回家看到女儿的打扮，立刻惊呆了。吃晚饭的时候，爸爸忽然发现餐桌上铺了一块花布。妈妈说："又脏又乱的屋子怎能配得上我们漂亮的小心肝呢？我要用最美的搭配漂亮的小公主。"

晚饭后，妈妈认真地擦着地板，爸爸不声不响地到院子里修理栅栏。奇迹就这样发生了，全家人都忙碌起来，心里有说不出的高兴。

过了几天，一家人开始重新粉刷房屋，原来又脏又乱的屋子变得干净整洁了。周围的邻居看到这一幕,也开始用心收拾屋子。不久,政府接受建议,开始帮助贫民区的居民完善规划。几个月后,小城贫民区发生了令人惊叹的巨变,好像那个第一次穿上裙子的小姑娘一样美丽。

任何一个人,每时每刻都生活在他人的影响之下。从出生那一刻开始,接受父母的养育;到学校读书,与老师和同学朝夕相处;参加工作以后,每天与同事、客户打交道。显然,人生的喜怒哀乐都与不同的人际关系密切相关。

研究表明,一个人的认知、情感受到群际关系的影响,而特定的群际情绪会调节个体的行为。当个体认同某一群体时,就会把群体的观念变成自我的一部分,获得了社会和情绪意义。然后,评价与群体有关的事物也会带上特定的情绪色彩。

由此看来,每个人都会创造情绪氛围,并影响他人。意识到这一事实后,我们就不可避免地有了一种责任,即对自己的情绪多加关注,因为你会把特定的情绪和能量传递给他人。

> 人们都有从众心理,这是典型的群际情绪影响下的产物。受到外界不良情绪的影响,我们要懂得"免受其害",时刻与积极情绪为伍。

触景生情是怎么回事

在心理上产生情绪波动,是多种因素作用的结果。其中,外部环境中的一些特定因素会让人回忆起往事,诱发强烈的体验,我们称之为"触景生情"。

听到一首老歌,会想起初恋,眼前闪过甜蜜而伤感的过往;品尝到家乡菜,会想起久别的故乡,想起妈妈厨房忙碌的身影……因为"触景生情"而产生情绪变化,太正常了,也很普遍,因为我们都是有情感的人。

通常,人们对那些过目难忘的人和事总是印象深刻,并在内心深处为它们保留了一席之地。一旦遇到特定的环境,这种情感就被激发出来,做出某些特殊的举动。

每天清晨,犹太传教士都会按时到一条乡间小路上散步。无论迎面走过来任何人,他总是微笑着打招呼:"早安。"

一个叫米勒的年轻农民对传教士并不友好,面对热情的问候常常冷漠以对。但是,传教士每天早上仍然对这个年轻人道一声早安。终于有一天,年轻人脱下帽子,也向传教士说了一声"早安"。

过了几年,纳粹上台了。有一天,传教士与村中所有的人被纳粹党抓起来,送往集中营。下了火车,大家列队往前走,有一个军官手拿指挥棒在前面喊话:"左!右!"往左边走的人死路一条,往右边走的人还有生还的机会。

很快,这位军官喊到了传教士的名字。他浑身颤抖着走过去,抬头与军官对视的那一刻,立刻惊呆了。"早安,米勒先生!"传教士习惯性地脱口而出。

米勒努力克制住惊诧的表情,顺口说:"早安。"声音低得只有他们两人才能听到。随后,米勒将指挥棒指向了右边,低声说:"右"。

人是很容易被感动的,而感动一个人未必需要慷慨的施舍、巨资的投入。只要触碰到当事人内心深处的某个地方,一旦触景生情就会令其情感释放出来,从而作出特定的举动。

当然,一个人如果内心过于敏感、脆弱,外界有点儿风吹草动就心潮澎湃、情绪波动,则不利于获得理性思考和判断。经验表明,过于情绪化的人因触景生情而患得患失、举棋不定,很难有所作为。

情绪来源于我们的信念、价值观,也受到特定情境的影响。有时候,以往经历中的经验会在某种场景和行为中被激发,从而表现出固有的情绪,这就是"触景生情"的发生机制。意识到这一点,并懂得免受外界环境的影响，才能做到处变不惊、从容不迫，表现出应有的成熟与稳健。

> 遇到"触景生情"的场面，有时候需要克制，有时候需要释放。如果刻意压制情感，往往会适得其反，甚至导致心理崩溃。既遵守基本的规矩，又不失人性的热情奔放，这才是健康的生存状态。

同理心太强不一定是好事

情商高的人能感知他人的情绪和心理，准确理解他人的想法，从而有效与人沟通、交往。他们善于换位思考，同理心很强，任何时候都能善解人意。但是，习惯进入他人的情绪世界，难免会受到不良情绪的影响，无端生出各种烦恼。

同理心是通过感知和想象他人的情绪状态，体验他人的感受，或在特定情境中会有什么感受的心理过程。也就是说，同理心是站在他人立场思考问题的移情能力。显然，同理心强的人能充分体会他人的感受，理解他人的情感。

然而，过于在乎他人的感受，而忽视了边界，就会被对方牵着鼻子走，乃至失去了自我。对一个情绪控制能力差的人来说，同理心太强不一定是好事。

珍妮在旧金山从事心理咨询工作，帮助那些在生活中陷入困顿的摆脱烦恼。由于专业知识深厚、实践经验丰富，她在业内小有名气。

在感情上屡屡受挫的人上门求助，珍妮会帮助对方分析性格上的偏差，找到改善自我的方法。在工作中无法与同事相处的人也慕名而来，珍妮会从提高情商能力入手，帮助他们学会与同事相处，积极融入团队。

还有一些脾气暴躁，甚至神经质的人找到珍妮，向她倾吐内心的种种不满,希望从痛苦中解脱。通常,这类人是最棘手的,也会耗费珍妮最多精力。

一开始,珍妮始终以专业精神帮助顾客解决各类心理问题,但是时间一长,她发觉自己越来越焦虑。丈夫也发现了这种变化,提醒珍妮放松,不要给自己太多压力。

然而,随着时间推移,珍妮发现自己的精神状态原来越糟糕,有时候会与顾客争执起来,这令助手疑惑不解。事后,珍妮后悔不迭,为什么自己会情绪失控呢?最后,她找到了大学时代的老师,希望从中获得帮助。

听完珍妮的倾诉,老师微笑着说:"你在工作中要充分理解顾客的心理需求,会不自觉地进入他们的情绪状态。时间长了,你自然会体验到各种不良情绪,并深受其害。"

接着,老师指着地上的垃圾桶说:"就像它一样,如果被各种垃圾填满,一个人怎么会有好心情呢?出于工作需要,你有很强的同理心是优势,但是如果无法及时从不良情绪中脱身,这反而会伤害到你。"

听完老师的分析,珍妮终于找到了自身的症结,开始尝试着努力摆脱各种负面情绪的干扰。她的经历提醒我们,一个人有同理心是好事,但是如果太强却可能变成坏事。

研究表明,"同理心"包括认知同理和情感同理。其中,"认知同理"是指准确地感知、理解和预测他人情绪的能力,也就是推断他人心理状态的能力。"情感同理"是指分享他人情绪的能力,以及对双方感受进行区分、比较的能力。

同理心强的人情感丰富、观察敏锐,能在第一时间感知他人的心理变化和情绪波动,也会在无形中让自己产生相应的情绪体验。但是,这种情绪体验如果是消极的、不良的,而当事人无法及时从中抽身,那么时间久了就会反受其害。

由此看来,环境塑造情绪不仅包括气氛、场景等外在的东西,还与个人的情绪感知能力紧密相关。一个人同理心太强,就意味着极易受到他人情绪的感染,从而经受各种折磨。

> 对那些无关紧要的人和事,不必放在心上。因为你暗中为此抓狂,非但无法帮助到他人,还会乱了心绪。把自己变成一个受害者,大可不必。

读懂情绪的文化心理学

英国学者蒂芙尼·瓦特·史密斯认为,人类的情绪多种多样,并且不只是一种生理学或心理学现象,还受到文化观念的影响。

愤怒、欲望、忧虑、憎恨等情绪好像源于人类最不驯服的动物本性,然而道德、宗教、语言、习俗等社会文化与心理习惯,也会时刻影响人们的心绪,左右人们的言行。

对每个人来说,不能忽视传统文化与社会心理对自我情绪的影响。有时候,离开某个地方就能在观念和心理上如释重负,就是这个道理。而在特定的环境中,重视这些文化心理影响,有助于我们根据需要唤起他人的某种情绪,达到预期目的。

身为日本松下电器公司的创始人,松下幸之助被称为"经营大师"。他为什么能一手打造世界一流的商业帝国?有人说松下幸之助有一套秘而不宣的管理圣经,他却说自己只不过懂得团队心理与沟通罢了。

松下幸之助认为,人是有感情的社会性动物,受到特定的文化心理影响。在一个团队中,彼此交流不只是出于工作需要,还有情感方面的诉求。比如,与员工交流时懂得礼貌和尊重,会让对方感到暖心,从而获得极佳的心理体验和精神愉悦。

每当给下属布置完任务,松下幸之助都会说:"这件事拜托你了。"

迎面遇到员工，他也会主动打招呼，并且鞠躬致谢："辛苦了"、"谢谢你"。有时候，他还会亲自为员工斟茶，或者送给对方一件小礼物。

这些做法让人获得了一种被尊重、被重视的感觉，从而有效激励了员工。大家在工作中感到很快乐，情绪高涨地做好每件事，由此提升了团队的战斗力，让松下电器公司实现了快速发展。

尽管每个国家和地区都有不同的道德观念、宗教信仰、文化习俗，但是总有一些公认的理念、价值观得到了人类社会的普遍认同。从这个角度看，松下幸之助的做法值得所有管理者学习和借鉴。

语言最能体现社会文化心理特色，不同地区的人对同样一句话会产生不同的情绪体验。以"幽默"为例，这种令人发笑的语言艺术在东西方文化里都广受欢迎。然而，幽默语言的使用和理解与本国文化密不可分。作为人类审美追求的反映，以及对现实生活的映射，幽默因国家不同而折射出本民族独特的风土人情和文化理念。

东亚国家推崇儒家文化，"仁"、"礼"的思想深深植根于当地人的思维中，因而在表达幽默的时候显得更为含蓄，并且侧重于社会教育功能。

西方人受古希腊文明影响，幽默文化底蕴深厚。与东亚各国相比，他们更加开放，强调人人平等，可以在任何场合、对任何人用幽默的方式对话。这与东方重视礼教、强调尊卑有序有很大差别，因此西方人在幽默表达上更洒脱自如。理解了这一点就不难明白，为什么同样一个幽默故事在东西方国家会有迥异的效果。

显然，在人际沟通中要充分重视当地社会习俗、观念的影响。一旦违背这些文化心理，必然引起他人情绪上的波动、理念上的冲突。

> 除了地域上的差异，每个时代的风尚、政治和经济等人类特有的文化因素也会唤起不同的情绪。因此，审视自己的情绪体验，还需惯着这个时代的文化影响。

> 第三章

人格操控情绪：别在该动脑子的时候动感情

性别、气质、个性等人格化因素深刻影响了人们的主观感受，也奠定了稳定的心理状态与情绪特点。受此影响，情绪反应有鲜明的人格特点。

男人和女人的情绪差别

男人和女人的情绪差别很大，体现在各个方面。以愤怒为例，男人会因为公认的原则被破坏，平衡的力量被打破而生气，而女人容易在私人领域、较为亲密的关系中表达激愤之情。

因为性别角色不同，人们对相同的事务会产生不同的情绪反应。这提醒我们，与异性相处时，必须掌握其心理特征。

安娜最近很伤心，因为她觉得男朋友不能充分理解自己。平时在公司里承受着极大压力，工作上也不顺利，回到公寓得不到应有的体贴，甚至因为一些小事彼此吵架，这样的日子太难熬了。

有时候，安娜控制不住自己的情绪，只能挥舞手臂，乱骂乱叫，不停地用富有感情的形容词描述内心的感受。显然，她需要被照顾、被关心，有人倾听心声。但是，男朋友只会贸然打断安娜，提出自己的建议，而不去认真安抚。

对女人来说，情绪化表现是一种特定的交流方式。许多时候，女人可以很快忘记最初的表现及感受，但是男人却试图帮助女人找到解决办法，并且认为自己有这个责任。如果面对女人闹情绪无能为力，男人会认为自己很失败。

男人遇到问题或困难时，一般选择迎难而上。因为积极应对，他们往往能够找到解决问题的方法，所以比女人有更强的解决问题的能力，看起来也更有创造性、冒险性。粗犷、豪放都是处事过程中必不可少的，这些品质在男人身上得到了生动体现。

而女人面对压力更能忍受，会主动选择以和为贵。通常，她们不愿意采取恰当的行动改善局面，由此很难找到解决问题的相应方法。所以，女性比男性更能承受压力。如此一来，柔顺、圆融、细腻、周全成了女人的特质。

在心理与情绪方面，男人和女人有很大的不同，这主要是与生俱来的，并与社会角色分配有很大关系。当然，受到后天环境的影响，女人也有某些男性的情绪心理，男人也会有一些女性的情绪特点，并没有严格的界限。

情绪是一个很难让人捉摸的东西，男人与女人最大的不同体现在情绪处理方法上。理解了这一点，就能掌握与异性相处的技巧，在关键时刻说对话、做对事。

> 情绪来自哪里，是心理学界至今没有讨论清楚的问题。掌握男女一般的情绪心理规律，再结合特定的对象、环境，自然容易掌握与异性打交道的技巧。

哪种气质类型的人最易情绪化

所谓"气质"，即通常所说的脾气、秉性。概括起来，它包括了语言表达能力、意识感知、思维反应速度、情绪、注意力等各内容。气质具有相对稳定的特征，是每个人与生俱来的特质，没有好坏之分。

早在公元前500年，古希腊著名的医生就提出了"气质"这一概念。后来，巴甫洛夫把人的神经活动分成许多类型，进一步细分为多血质、胆汁质、粘液质、抑郁质等。不同类型的人受到外界环境影响，会呈现出明显不同的情绪反应。

甲乙丙丁四人参加一次全国性的学科竞赛，老师和同学都寄予了厚望，希望取得不俗的成绩。面对这样重要的竞赛，四个人都有不同程度的紧张，但是他们缓解紧张情绪的方式不同。

甲通过与老师、同学交流，看励志电影，转移注意力，相信这场竞赛会带给自己很大收获，即使没有获奖也无所谓。

乙在老师和亲朋好友的鼓励下，斗志昂扬，相信自己一定能取得成功，显得信心十足。

丙感觉到学习压力非常大，坚持不断复习，做好准备应考，没有采取其他方法解压。

丁害怕自己辜负了老师的期望，还没有考试就表现出极度的紧张，非常担心成绩不理想。

面对比赛，四个人虽然都紧张，但具体表现是不同的。由此可以推断出，甲性格开朗，擅于言谈，在紧张状态会转移注意力，是多血质的气质类型；乙兴奋度高，适应型强，充满斗志，是胆汁质的气质类型；丙不善言谈，比较内向，注意力集中，是粘液质的气质类型；丁适应性弱，容易焦虑，是抑郁质的气质类型。

显然，甲是一个容易开心的人，乙容易冲动，丙内心沉稳，丁敏感脆弱。不同气质类型的人，呈现出不同的情绪特征，影响到他们与外界的关系。

各种气质类型都有其优缺点，只有充分了解自己属于哪一类型，才能发挥优点、克服缺点，在心理素质上具备更强的优势。如果你容易情绪化，要根据自己的气质特点调节心绪。

针对不同气质类型的人，心理学家给出了如下建议：胆汁质和多血质的人，反应性高且指向外部，思维敏捷，因此适合运动型宣泄和需要发挥想象力的调节法。黏液质和抑郁质的人，反应性低且指向内部，感受性高，因此适合安静型宣泄及音乐法等。

> 情绪会影响人的行为，理性的人会避免情绪化，免受不良情绪的左右。做情绪的主人，而不是情绪的奴隶，应该成为每个人的努力方向。

性格决定命运，也操控情绪

人们在生活中会对现实形成稳定的态度，以及与之相适应的习惯化的行为方式，这就是"性格"。每个人的性格形成都经历了日积月累的过程，也奠定了稳定的心理状态与情绪特点。因此，观察一个人的情绪反应，可以从性格入手。

其实，每个人身上固有的标签都来源于过去的经历，是以往岁月的某种印记。正如桑德伯格所说："过去哦，只不过是一堆灰烬而已。"过去的所有"自以为"会令人懒惰、愚蠢，认为没有必要花气力去改变自己，从而心安理得地保持现状。

人们常用某种既定的评价来为自己辩护，当找不到其他理由为自己的错误、不作为做挡箭牌时，就会摆出一副我行我素的样子。这实在令人痛惜不已。

爱丽莎是一个性格内向的女人，结婚之后，为了照顾孩子，她甘愿做了家庭主妇。后来，为了支持丈夫的事业，她来到西雅图这个陌生的地方。经过一段时间的努力，她终于在这里找到了一份工作，开始了全新的生活。虽然跟公司的同事还不太熟悉，但她一直都在努力与大家建立友谊，并认真完成每一项任务。

然而没过多久，爱丽莎开始变得无精打采，对任何事都提不起精神。即使是一件小事，也会引起她的不安、烦躁。面对家庭生活，她也找不到丝毫快乐了。孩子的成绩不好，她会忧心忡忡；丈夫的无心之语，她会黯然神伤……

可以说，几乎每一件事情，都会在爱丽莎的心中盘踞很长时间，这极大地影响了她的生活和工作。为什么到了一个新的地方，爱丽莎会性情大变？以前，她完全不是这种个性。

有一天,她实在坚持不下去了,就拨通了心理咨询专家的电话。听完一番倾诉之后,心理专家提出了一个建议:"把令你沮丧的事放下,洗洗脸,修饰一下仪容,这样可以增强你的自信。然后,想象自己就是世界上最快乐的人,并装出高兴、自信的样子,这样你的心情就会慢慢地好起来。"

听了心理专家的话,爱丽莎虽然有些怀疑,但还是决定照着这个方法试一下。十天后,她兴冲冲地给专家打来电话:"我从来没有发现生活竟然如此美好!我每天都感觉劲头十足,充满活力。丈夫和同事都说我像变了一个人,还说我变漂亮了!没想到强装自信,信心真的会来;装出好心情,坏心情竟然真的消失了!我觉得自己之前那种内向、不自信的性格完全改变了!"

在研究众多成功者的例子后,一位新加坡的心理学家认为,没有天生胜者或失败者的性格,每个人都具有多面性,环境与教育决定这个人会发展哪一方面的性格。一些社会心理学家更认为,人的性格本身并无好坏优劣。

不同个性的人对待同一个事物,会产生不同的心理体验。性格的情绪特征表现多样,具体来说分为下面几点:

首先,性格主导人的心境。有的人经常欢乐愉快,有的人经常抑郁低沉,有的人经常心情安静,有的人却不安和激动,这显然与每个人的性格有莫大关系。

其次,性格不同的人会产生不同的情绪感染程度。情绪受到意志、性格控制,具有很强的差异性。比如,看到惊悚的场面,不同的人会产生不同的情绪反应——有的人尖叫起来,有的人略微吃惊,情绪感染程度明显不同。

再次,性格决定了情绪持续时间的长短。人们产生特定的情绪反应后,不同性格的人持续的时间长短不同。比如,遇到挫折以后,性格乐观的人很快就能调节心情,变得积极起来;而性格抑郁的人会长时间情绪低落,不良情绪持续很长时间。

虽然人的性格形成与生物遗传因素有关，但艾森克的人格纬度理论却表明，性格可以在纬度上移动，并不是一成不变的。人们对现实的态度和行为模式结合在一起，构成了一个人独特的性格，从而容易区别于他人，也形成了特定的情绪反应机制。

> 性格并不是一成不变的，人的性情也会在调整后产生变化。如果你心情不佳，心理问题严重，不妨通过积极的行为和自我暗示进行自我修复。时间一长，人的性情会发生很大变化，性格也会得以重新塑造。

你会正确表达情绪吗

情绪是对一系列主观认知经验的通称，是多种感觉、思想和行为综合产生的心理与生理状态。心理学家研究发现，情绪可以分为与生俱来的"基本情绪"和后天学习到的"复杂情绪"。基本情绪和原始人类生存息息相关，复杂情绪必须经过人与人之间的交流才能掌握。

无论是基本情绪还是复杂情绪，无论是正面情绪还是负面情绪，都会引发特定的行动动机。尽管一些情绪引发的行为看上去没有经过思考，但实际上经过了意识的认同与加工。面对同一种情绪，虽然当事人会产生一样的感受和体验，但是他们可能做出不同的反应，这就是情绪表达。

1905年，乔治·凯利出生在堪萨斯州的一个农场。高中毕业后，他取得了物理学学位，来到明尼苏达州教授公共演讲。后来，他放弃了教学工作，进入衣阿华州立大学学习，并获得心理学博士学位。

在大萧条时代，农业家庭面临着各种各样的困难，乔治·凯利深知这一点。于是，他立志做一个热情的心理学家。起初，他借鉴弗洛伊德的心理学方法，让农民们躺在沙发上，将自己的梦境描述出来。可是，对文化程度很低的农民来说，这套理论太难以理解了。为此，他创造了一种更为实际的方法解决大家的问题。

凯利的早期发明之一是"镜子时间"。他让人们在镜子面前坐半小时，观察自己在镜中的样子，然后回答下面的问题：你喜欢镜中的人吗？镜中的人是你理想中的样子吗？你在自己的脸上是否发现了一些别人不曾注意到的东西？虽然凯利知道人们很喜欢盯着自己的眼睛看，但他并不确信这种对镜沉思的方法能给人带来益处。所以，他决定根据此前公共演讲教学的经历，鼓励人们探索其他看待世界的方法。

之前大量的治疗经验告诉凯利，人的性格是多变的。就好像演员会扮演各种类型的角色一样，人们在一生中也会变换不同的身份。

除此之外，凯利还坚信，人们看待自己的方式是心理问题产生的根源。因此，为了给病人做好心理治疗，首先要帮助他们建立正确的身份认同。他给自己的方法取名为"固定角色治疗"，并且随着时间的推移，还发明了一系列帮助人们建立新的身份认同的有效方法。

不恰当的情绪反应不仅会给他人带来麻烦，也会影响到自己的心情。积极乐观的人遇到挫折，会激励自己战斗下去，马上就能脱离眼前的困境；宽容豁达的人面对各种遗憾，会选择忘却，不与他人斤斤计较。由此看来，正确表达情绪，可以帮你摆脱不良情绪的困扰。

反之，消极的人在挫折面前悲观失望，吝啬的人纠结于各种小事，他们不能正确表达情绪，结果让自己陷入无尽的痛苦中。

生活中少不了各种小情绪，它们并不值得担忧。关键是你要做一个性格积极的人，妥善应对各种负面情绪，学会正确表达情绪，既保持心理健康，也维护好你与他人的关系。

> 每天，人们都要体验各种情绪，形成特定的心理感受。没有人喜欢沉浸在痛苦、焦虑、悲伤等消极情绪中，因此主动调节情绪，正确地表达情绪，减轻情绪带来的心理伤害就成了一种需要。

第二辑

情绪控制

修炼情商,拥有强大自控力

一切美德和成功都来源于自我控制。一个被冲动和激情支配的人必然会失去全部的道德自由,随波逐流,最终成为欲望的奴仆。

心理学大师弗洛伊德认为,人的一生都在与本能做斗争。如果不想被不良情绪驱使,必须掌握情绪调节、情绪转移、情绪传导、情绪释放、情绪选择、情绪平衡、情绪优化技巧,拥有强大的"自控力"。

> 第四章

情绪调节：不惯着自己的人总能有好运气

情绪是与生俱来的东西，但是恰当地表达自己的情绪，不让坏情绪影响正常的生活，却是通过后天学习得来的。能够调节不良情绪，才可以理性决策、正确行动。

充满鲜花的世界在自己心里

生活应该是什么样子的？为什么你总是不快乐？其实，心情的颜色就是生活应有的色彩。如果心情是灰色的，生活不会阳光明媚。一个人只有让内心开满鲜花，他的世界才会是幸福的。

如果你还在抱怨不快乐、不幸运，自己不被人理解，那么首先要调节一下心情。当你变得积极乐观了，你看到的世界一定不再是灰暗的。正所谓心境决定心情，主动调节心理才会有良好的情绪体验。

在一个阴雨的星期六早晨，牧师准备讲道，妻子外出买东西了。小雨淅淅沥沥地一直下个不停，小儿子约翰吵闹不休，令人厌烦。

牧师无法静心做事，无奈之下随手拾起一本旧杂志，一页一页地翻阅，最后翻到一幅色彩鲜艳的大图——世界地图。随后，他从杂志上撕下这一页，再撕成碎片，丢在地上说：

"小约翰，如果你能拼好这些碎片，我就给你2美元。"

牧师以为这件事会使小约翰花费一个上午的时间，并因此安定下来。没想到，还不到10分钟，小约翰就走过来，上交父亲布置的任务。

看着完整的拼图，牧师牧师疑惑地问："孩子，你有什么方法，这么快就把图拼好了？"

"这很容易啊！"小约翰自信地说："你看，在地图的背面有一个人的照片。我按照人像把碎片拼到一起，然后再翻过来，地图也就拼好了。我想，如果这个人是正确的，那么这个世界就是正确的。"

牧师笑了，高兴地给了2美元，还不停地赞叹："你也替我准备好了明天的讲道。如果一个人是正确的，他的世界也会是正确的。"

人生不如意之事十有八九，所谓"心想事成"不过是对生活的美好祝愿。遇到一些不顺心的麻烦事，应该怎样解决呢？有的人会把每一件不如意的小事堆积在心里、挂在嘴上，而后不停地抱怨，搞得自己心情很差、情绪很糟。精神状态不佳，不但自己烦躁不堪，身边的人也不得安宁，一系列连锁反应让我们的世界变得杂乱无章。

其实，所有的麻烦都可归结为心理问题。你认为它是麻烦，它就是难以解决的麻烦；你认为它不值一提，它就无法影响你的生活。有智慧的人遇到任何事情时都能气定神闲，找到应对之策，首先在于他们有一颗强大的心灵。

在我们身边，许多人抱怨工作压力大、生活不如意，尽管他们的遭遇千差万别，年龄也各不相同，但是可以断定，他们的烦恼都源于心理问题。当内心失去了平衡，变得脆弱不堪时，外界的任何风吹草动都可能把人压垮。

> 什么是心境，其实就是对待生活、对待人生的一种态度。乐观的心境成就快乐的人生，悲观的心境造成阴郁的人生。保持良好的心境，每天让自己多一些开心，少一点忧愁。

调节情绪是一门艺术

一位哲人曾经说过："一个人的心态就是一个人真正的主人，要么你去驾驭生命，要么是生命驾驭你，而你的心态将决定谁是坐骑，谁是骑师。"拥有幸福、快乐的人生，要学会调节情绪，做命运的主宰。

研究发现，那些极具魄力、性格坚韧的成功人士，在心理上比常人更成熟、坚强，也更能掌控个人情绪变化。换句话说，遇到同样的困难或挑战，心理脆弱的人往往不堪一击，连连败退；而那些心理成熟的人，总能坦然应对，积极寻找解决问题的方法，最终化解了各种难题。

"昨天的忧虑、明天的忧虑，加上今天的忧虑，累积在一起，就造成了你心灵最大的负担。"一个人如果想提升魅力、有所作为，首先要在心理上成长、成熟起来，掌握调节情绪的有效方法。

维克多·弗兰克是一名德国精神病博士，曾经被关押在纳粹集中营。期间，他饱受侮辱和非人的对待，承受着强大的心理压力。

面对未知的明天，弗兰克也一度绝望过，因为纳粹集中营的虐待难以忍受。这里没有人性，更没有尊严。纳粹分子看起来都是野兽，他们可以不眨眼地屠杀一位母亲、老人，甚至是儿童。

每天，弗兰克生活在恐惧中，那种直面死亡的感觉带来巨大的情绪压力。周围，每天都有人因为受不了这种氛围而自杀。身为精神病专家，弗兰克很清楚，如果不能控制好自己的情绪，也会难逃崩溃的命运。

有一次，弗兰克跟随大家到工地上劳动。走在路上，他产生了一种幻觉，晚上能不能活着回来？是否能吃上晚餐？鞋带断了，能不能找到一根新的？随后，明显感觉到厌倦和不安。于是，弗兰克强迫自己不再想那些倒霉的事，而是刻意幻想自己正走在前去演讲的路上，来到一间宽敞明亮的教室，精神饱满地在台上发表演讲。接着，他的脸上慢慢浮现出了笑容。

弗兰克发现，这是一种久违的感觉，多年来都不曾出现过。没想到还会微笑，弗兰克预感到自己不会死在集中营，他会活着走出这个魔鬼般的地方。

多年后，弗兰克从集中营被释放出来，看上去精神很好。朋友都很吃惊，一个人在魔窟里依然保持着良好的状态，这是无法想象的。

许多人心理负荷变得越来越大，而没有及时调节不良情绪，所以每天的日子都浑浑噩噩。结果，他们无法突破自我，在工作、人际、婚姻上屡屡败退。因此，解决一切问题的关键是重建心理优势。

首先，遇到麻烦的时候要保持心理平衡，弄清事情的真相。在了解问题的前因后果之前，不要急于去解决问题。显然，如果不对事实加以分析和解释，即使把所有的信息都搜集起来，也无助于解决问题。

其次，当你在心理上陷入焦虑状态时，要清楚地写下担心什么，应该怎么办，决定怎么办，最后马上执行。通常，只要理性地按照这四个步骤去做，通常能够摆脱90%的麻烦，重拾愉悦的心情。

> 当一个人的心理脆弱、敏感时，往往会表现出各种忧虑，这时麻烦也就接踵而至。为了消除这些麻烦，就要努力让自己的内心变得强大起来。学会调节情绪，是摆脱困扰，让生活变得积极乐观的唯一方法。

学会接受生活中的不完美

这个世界从来都充满遗憾，许多时候，一切完美的事物大多是人们主观思想的臆测。对此，德国著名诗人歌德曾经说过，"十全十美是上天的尺度，而要达到十全十美的这种愿望，则是人类的尺度。"

从一定程度来说，追求完美是有上进心的表现，属于一种优秀的品质，但过犹不及，如果因此而患上完美主义强迫症就不明智了。一般说来，完美主义者的个性都十分好强，长此以往很可能会造成精神上的巨大压力，从而引发各种心理障碍。他们渴望自己的生活是完美无缺的，所以无法接受生活的小瑕疵，哪怕是一丝小小的不如意。

完美主义者最常见的表现为：烦躁、极端，死板，他们在不知不觉中被坏情绪绑架，整天都因鸡毛蒜皮的小事而烦恼，哪怕是衣服的纽扣丢了一颗也会令他们感到烦躁不安，很久前犯的小错也无法忘记，总觉着这是不可原谅的过失……实际上，这些忧虑毫无意义。

其实，磕磕绊绊、起起伏伏才是生活，只有学会接受自身的缺点，淡然看待生活中的各种不完美，才能摆脱坏情绪，从而拥有一个积极的生活态度。

"如果已经活过来的那段人生，只是个草稿，有一次誊写，该有多好"，无数人想象过这种场景，也奢望能有一次重新来过的机会。

有一个年轻人名叫伊凡，请求上帝让自己体验一下这种人生。看到伊凡执著的样子，上帝决定让他在寻找伴侣这件事上试一试。

到了结婚的年龄，伊凡遇到了一位漂亮的姑娘，对方也倾心于他。随后，伊凡高兴地与这个姑娘结成了夫妻。然而，婚后的日子并不是想象的那般美好。伊凡发觉姑娘虽然很漂亮，但是不会说话，办事也笨手笨脚，两个人始终无法进行心灵上的沟通。于是，他第一次把这段婚姻作为草稿抹掉了。

第二个结婚对象不仅漂亮，还聪明能干，满足了伊凡对完美婚姻的想象。可是没多久，他发现这个女人脾气很坏，个性极强。原有的聪明成了讽刺伊凡的本钱，能干成了捉弄伊凡的手段。两个人在一起，伊凡不是丈夫，倒像她的牛马、器具。最后，伊凡无法忍受这种折磨，祈求上帝准备第三段婚姻，上帝微笑着答应了。

第三个妻子不但具备了前两任妻子的优点，还有好脾气。婚后，两人非常恩爱，日子过得很幸福。半年后，妻子突然患上重病，卧床不起，原有的美貌很快不见了，一副憔悴的表情。

维纳斯虽然断臂了，但是却成了举世闻名的艺术作品。也有艺术家尝试着复原她的双臂，结果从来没有成功过。真正完美的事物是根本不存在的，过于苛求就是和现实过不去，给自己找麻烦。

每个人都会有完美的幻想，所不同的是，一部分人认识到完美是根本不存在的现实，而另一部分人则成为完美幻想的奴隶，并被其绑架而整天烦闷不堪。实际上，我们会成为怎样的人，完全取决于自己的内心，如果一直在不完美的现实中追求完美，那无异于缘木求鱼，自寻烦恼。

如果人生处处完美，那么生活又有什么乐趣可言？不完美正是生活的精彩之处，因为不尽如人意所以才会孜孜以求，力图做到更好；因为不完美，所以才有了完整与残缺的对比，从而更加珍惜生活中的美好。

世界上没有绝对的好与坏，过度的苛求只能带来消极的不良情绪，正确面对残缺才是最为明智的生活态度。

> 学会换一个角度，换一种心情来欣赏不完美，生活会更加有趣。不要因为自己的缺点而自卑或去羡慕别人，其实别人也有不为人知的缺点与遗憾。

让错误和烦恼"到此为止"

莎士比亚曾经说过："聪明的人永远不会坐在那里为他们的损失而悲伤，却会很高兴地去找出办法来弥补他们的旧创伤。"

人的一生中充满着不幸和烦恼，你无法逃避，也不能左右它们，唯一可以选择的是勇敢，让错误和烦恼"到此为止"。及时让不良情绪终止，不再左右你的心情，这种强大的情绪掌控能力是获得幸福快乐的密码。

当杰勒米·泰勒丧失了一切的时候——房屋遭人侵占，家人没有栖身之地，庄园被没收，他这样写道：

"我落到了财产征收员的手中，他们毫不客气地剥夺了一切，让我一无所有。现在，还剩下什么呢？让我仔细想想……他们留给了我可爱的太阳和月亮，温良贤淑的妻子仍在我的身边，还有许多排忧解难的患难朋友，除此之外，我还有愉快的心、欢快的笑脸。显然，没有人能剥夺我对上帝的敬仰，无法剥夺我对美好天堂的向往，以及我对罪恶之举的仁慈和宽厚。我照常吃饭、喝酒，照样睡觉和休息，照常读书和思考……"

面对意外和灾难性的打击，泰勒仍然保持开心、快乐，绝不陷入情绪低落的状态，令人钦佩不已。在常人无法忍受的灾难中仍坚持快乐，这种坚韧、乐观的品性值得称颂，这样的人生永远不会阴云密布。

正是因为能够正视困难,把生命中的一点磨难看作是对自己的锻炼,所以即使脚下布满荆棘,杰勒米·泰勒照样勇往直前。

生活中会遇到很多烦心事,很少有人真正感受到一帆风顺,多数情况会遇到种种不如意。不同的地方在于,有的人让烦恼戛然而止,寻求摆脱困境的方法;有的人沉浸在错误中,因为陷入痛苦情绪无法自拔。

世界上存在这样一类人,他们似乎总能得到上天的眷顾——有着坚定的信念或理想,并且为之付出不懈的努力;最重要的是,上天每一次都会帮他取得成功,这令人羡慕至极。其实,这类人之所以比其他人更幸运,在很大程度上要归功于其强大的内心。

内心强大的人,无论遭遇外界怎样的嘲讽,遇到多大的困难,都不会被轻易打倒。换句话说,他们在心理层面达到了一定的境界,因此总能在挫折、危机面前挺过来,令人折服。内心强大的人意志坚定,不论遇到多大的诱惑或挫折都能淡定处之,依然固守着内心那份信念。

心理素质强的人,无论遭遇怎样的嘲讽,遇到多大的困难,都不会被轻易打倒。在他们身上,流露出的是坚定的意志、强悍的行动力。

> 聪明的人知道如何面对困难和烦恼,愚蠢的人往往会过重地看待烦恼和困难。让烦恼与困难"适可而止",才能走出消极情绪的束缚。

永远不要选择情绪对抗

在肯尼迪·古迪的《怎样让人们变成黄金》一书中有这样一段话:"停下来,用数秒钟的时间比较一下,你是如何关心自己的事情和关心他人的事情的,然后你就会理解,别人也和你一样。而你一旦掌握了这个诀窍,就会像罗斯福和林肯一样,拥有了做任何事的坚实基础。换言之，和别人相处的关系怎样，完全取决于你在多大程度上替别人着想了。"

在很多的情况下，也许会因为一个小小的情绪变化陷入心理危机，根本原因就在于双方"以牙还牙"的态度与行为。遇事多一分冷静，保持理性思考的能力，能有效规避情绪对抗带来的恶果。

纽约有一位出版商曾邀请卡耐基参加一个晚宴，席间碰到了一位出色的植物学家。因为卡耐基在植物学方面一无所知，所以觉得他十分有趣。卡耐基凝神静坐，认真倾听对方介绍许多外来植物和新产品的实验。卡耐基也拥有一个温室，所以获得了许多宝贵知识。

那是一个晚宴，现场有数十位各个领域的知名人士。但卡耐基却完全忽略了他们的存在，仅和这位令人着迷的植物学家交谈了几个钟头。临近午夜，卡耐基准备和大家道别。

这时，植物学家转身向主人极力恭维卡耐基，说他是"最能鼓舞人"的人。除此之外，还说了许多溢美之词来称赞卡耐基——一个"最有趣的谈话高手"。

最有趣的谈话高手？这倒让卡耐基有些摸不着头脑了。在谈话中，一直都是植物学家在讲话，卡耐基连插话的工夫都没有。除非卡耐基转变话题，否则根本无法与之面对面的沟通。

卡耐基有过转身离去的冲动，因为这种滔滔不绝的讲话有时令人生厌。但是，他控制住了情绪，最终维护了大局。

在这个世界上，人与人之间因为偏狭、自私，无法容忍外界的某些东西，不知发生了多少悲剧和灾难，恐怕大文豪也不能描写其中的万分之一。一个人少了一颗宽容的心，不能容忍异于自己的东西存在，其实是一种愚昧，是野蛮人和暴徒的所为。

法国有句俗语："能够了解一切事物，便能宽恕一切事物。"因此，我们只有先了解世间的万物，并尊重客观存在的差异性，才能在心理上成熟起来，成为一个真正的文明人。

面对矛盾与问题时，许多人会选择以牙还牙，迁怒他人，而不是将心比心，理解对方。那是因为采取第一种方法更简单一些，而且可能会感觉更好。这时候，他们心中往往只有一种想法："我被愚弄了，对方不欣赏我，不尊重我"，"害怕对方会伤害我，所以需要更深、更快、更多地伤害对方"。

这种想法是基于一种自我保护，当人们被这种恐惧感驱使而采取行动时，往往会变得盛气凌人。从根本上说，他们无法掌控自己的情绪，处于一种不成熟的心理状态，因此增加了许多烦恼，想极力改变自己或周围的人而不得要领。

人总有情绪低落的时候，也许是因为一个人，或者仅仅因为一件小事情，久久不能释怀。生活在复杂多变的社会环境中，不同的场合要采取不同的应对方式，去扮演不同的社会角色。有的人对身边的人和事认识不清，由隔膜而误会，又由误会而发怒，实在没有必要。选择和解而非对抗，这样的人更能掌控情绪，进而掌控人生。

> 心理成熟度高的人更容易适应社会的变化，并且根据外部环境调整自己的行为，反过来再次达到心理上的相对平衡。遇到不如意的人和事，学会将心比心，这既是一种心理掌控方法，也是高超的社交策略。

> 第五章

情绪转移：状态不好的时候换个事来做

　　喜、怒、哀、乐是人之常情，但是不良的情绪会带来极大的负面影响。善于转移注意力，通过情绪疏导保持一份好心情，有助于顺利摆脱眼前的困局。

情绪不好时转移注意力

遇到挫折和麻烦的时候，有的人能够不被其纠缠，而有的人则无法摆脱这种不良情绪的干扰。情绪不好时转移注意力，然后积极寻求解决的方法，才能获得更多幸福感。

哲学家奥里欧斯说："我们的生活是由我们的思想造成的。"每个人都是自己思想的产物，一切生活景象、行为特征都是思维作用下的结果。思考呈现出复杂性、多变性的特征，也使得我们的人生呈现出多样性。而心理学家进一步指出，人的命运是由5%的潜意识决定的。如此看来，破解无序生活、检讨失败人生，还需从个人思想入手。

研究发现，人类思考问题时有一个致命缺陷，那就是往往把注意力放在自己的弱点上，而忽略了个人的优点。这其实是一种消极的心理状态。遇到问题以后，无法从眼前的窘境中摆脱出来，不能及时转移注意力，是许多人失败的重要原因。

在参政初期，罗斯福反对妇女参政，但是后来这一观念发生了变化。1912年，他在新泽西州的某个城市发表演讲，竭力鼓舞妇女参政议政。

"罗斯福先生您好，你五年前曾经反对妇女参政，为什么现在与当初的主张背道而驰？请问，你有什么不可告人的目的吗？"台下的记者问道。

"我承认，以前反对妇女参政，但那是多年前的事情了。几年过去了，地球都绕着太阳转了五圈，我的观念如果没有一点儿变化，那就太令人遗憾了！"

罗斯福坦诚了以往的失误，说道："我承认，以前是观念上的错误，但是现在已经深刻意识到了正确的方向在哪里，所以大力鼓励妇女参政。"

罗斯福面对记者提问，主动承认了自己以前观念上的错误，并巧妙利用类比说明自己也要有所变化。经过一番耐心解释，他巧妙应对了尴尬局面，维护了个人尊严及"美国总统"这一光辉形象。

塞缪尔·斯迈尔斯认为，要把成功的法则变成为我所用的金科玉律，首先要养成肯定事物的习惯。如果经常抱着否定的想法，就算潜意识里有正面的思考，仍无法在行动上向成功的目标靠拢。

专注地想那些糟糕事，会陷入思维沉迷与情绪紊乱状态；如果你将注意力转移，原来痛苦的体验便会被阻隔。情绪的帆船需要自己掌舵，遇到坏情绪的时候，转向另一个方面可以避免情绪触礁，保持好心情。

遇到各种问题的时候，摆脱眼前困境只有靠自己。从痛苦的情绪中转移注意力，寻求解决问题的方法，才能真正帮你越过沟坎。许多时候，你专注于什么，你的世界就是什么。当你转向积极寻求问题解决之道，心境也会变得开朗起来。

> 转移注意力是情绪调节最简单也最有效的方法。努力从中抽身，而不是被不良情绪包裹，你才有时间和精力做更有意义的事，让每一次努力都有所收获。

不要预支明天的烦恼

每个人都渴望被幸福紧紧围绕，然而快乐不是由周围的环境决定的，而取决于自己的心境。很多人心思细腻，凡事都想得很周到，不但要做好眼前的事，还会为明天谋划。

尽管思虑周详，但是这样谨慎就过得快乐吗？明天的事就交给明天吧，过好今天最重要。如果你还在为了明天的事而忧心忡忡，赶快回到当下，别让明天的烦恼干扰了眼前的安宁。

杰尔德太太住在密西根州沙支那城法院街 815 号，每天向学校推销世界百科全书。两年前，丈夫得了重病，她把家里的汽车卖了，自己也无法工作了。

　　后来丈夫过世，家里陷入了困窘，她非常沮丧，最后迫于无奈给堪萨斯城罗浮公司的老板奥罗西先生写信，希望能继续做推销图书的工作。老板同意后，她勉强凑够钱，分期付款买了一辆旧车，这样更方面卖书。

　　以后的日子里，每天一个人吃饭，一个人驾车，孤独寂寞让杰尔德太太处于崩溃状态。重新工作并没有燃起她对生活的希望，而且有些地方根本不需要这些书，所以生活压力再次袭来。

　　丈夫去世的第二年春天，杰尔德太太来密苏里州维沙里市推销书籍，这里的学校很穷，所以推销工作并无丝毫起色。每天早晨起床要面对这些人担忧的现实，她觉得自己的生活没有任何乐趣，更多是一种煎熬，因此在精神上颓丧到了极点。

　　一个偶然的机会，杰尔德太太读了一篇文章，里面有这样一句话："对一个聪明人来说，每一天都是一个新的开始。"后来，她把这句话记下来，贴在了汽车的挡风玻璃上。开车的时候总能看见这句话，她就不会感到孤单了，慢慢地生活艰难已经无法令她忧虑，并逐渐忘记了悲伤，也不再为未来而忧虑。

　　就这样，杰尔德太太成功地克服了对寂寞的恐惧，情绪有了很大好转，事业也有了明显起色。从那以后，她又重新燃起了对生活的热情，遇到任何事也不再害怕。

　　很多人经常不由自主地想那些不开心的事，结果越想越郁闷，结果最终丧失生活的勇气，乃至一蹶不振。担忧未来，并不能解决任何问题，如果选择轻生则更愚蠢。一个聪明人，不会纠结于过去，忧心于未来。一天的工作、生活都到上床休息为止，不要让它们干扰你平静的情绪和舒适安稳的睡眠。

哥伦比亚大学的爱德华博士经过多次调查和实验,最后得出结论:"工作效率降低的真正原因是烦闷。"烦闷会使人产生疲倦感,让人感到眼花,头疼,而去除这种病症的方法就是对今天产生浓厚兴趣,把握好当下的节奏。

那些有着不幸过去的人们值得同情,那些从痛苦中走出来的人更值得钦佩。别小觑那些现在虽然负债累累却依然不放弃希望的人,那些整天对明天、对未来感到忧虑和恐慌的人,才值得警惕。

> 与其忧虑明天可能发生状况,还不如把握好今天,为明天打好基础,别预支明天的烦恼。遇到实在不想做又不得不做的事,就要学会"假装"喜欢,即能按时完成工作,还能体会苦中作乐的趣味。

只有愚蠢的人不懂得回头

前进是生命中唯一的方向,只有不断向前走,才是对生命最好的诠释,才是对生命的负责,才是对生命最好的珍惜。但是,当前面的路走不通时,要懂得及时转身,回到正确的道路上来。

在漫长的岁月中,一些令人懊恼的事情总会不期而至。这让人压抑、苦闷,甚至陷入痛苦。其实,你的心情不该如此。面对已经发生的事情,就由它去吧,学会坦然接受会让自己更从容。如果仍然走不出失意的焦虑,那就果断转身逃离吧!

小时候,杰克和几个朋友在一间废弃的老木屋里玩耍。有一次,他从阁楼上爬下来的时候,左手食指上的戒指钩住了一根钉子,结果整个手指脱白了。

一阵刺痛后,杰克吓坏了,手指失去了知觉。后来,那根手指废掉了,左手只剩下四个手指了。失去了才懂得珍惜,杰克无法承受缺少一根手指的事实，整天生活在自卑、焦虑中，陷入了无穷无尽的烦恼。

有一天，杰克和爸爸外出，在楼道里遇见一个开电梯的老人。令人吃惊的是，老人失去了左手，从腕部生生截断了。"太不幸了，比我还惨呢。"杰克心里默念着。

趁着等电梯的时间，杰克问老人："请问，您少了那只手，是否觉得特别难过？"老人摇摇头，淡定地说："不，不会的，孩子，我早就忘记了它的存在，已经习惯了现在失去左手的生活。你会为剪掉的头发闷闷不乐吗？"

老人一句幽默的戏谑，把杰克逗笑了。从那一刻开始，杰克释然了，不再为自己失去一个手指而烦恼。既然已经成了现在的样子，为什么不乐观面对呢？

在荷兰首都阿姆斯特丹，有一座建于十五世纪的古老教堂。这座建筑上刻着一行字："事情是这样，就别无他样。"勇敢面对现实，行不通的时候选择改变，人生就会减少很多痛苦和压力。

生活中总会有一些不如意、不开心的事情。面对这些烦恼，与其在纠结中苦苦挣扎，不如及时回头，离开现在痛苦的状态。愚蠢的人自寻烦恼，因为他们不懂得变通，缺少转换思路的机智，一旦遇到麻烦就认为这是倒霉的开始，并信以为真。聪明人面对各种烦恼，会选择躲避和改变，所以减轻了伤害和苦痛。

如果思考方式、办事理念都始终停留在原始状态，不曾作出改变，自然无法适应环境变化，也无法有效改变心境，重获快乐与幸福。研究发现，一旦被墨守成规的思维方式控制，人们对各个问题的判断、理解就会局限在特定范畴内，跟不上节拍，与周围环境不协调。

人是充满智慧的动物，告别懒惰、等待，学会变通、尝试，才不会沿着一条道路走进死胡同。许多有成就的人都有一颗开放的心灵，对新事物保持着高度热情，从不拒绝来自外界的批评声音，并乐于作出一切尝试。

显然,只有善于改变的人才能找到成功的路径。因此,陷入不良情绪的时候勇于改变自己,学会转换心情,自然能重拾快乐与自在。

> 聪明的人并非只知道往前冲,更懂得在必要的时候回头看看自己身后的选择和支持。面对眼前的艰难,尝试着换个方向,你会发现一个新世界。

利用逆向思维考虑并解决问题

很多人在面对问题的时候,一般都会按照自己的惯性思维去思考去解决问题,从没想过尝试新方法。如果你正在为眼前的事耿耿于怀,找不到解决的办法,不妨利用逆向思维考虑问题,往往心情会大变。

生活的最大成就是对自己的不断改造,在持续努力中悟出成功的真谛。这个世界丰富多彩,充满了无限可能,不必为了暂时的失意而懊恼。在有限的生命力,为何要固守一隅呢?那份苦闷、等待注定无法与新鲜、丰富的探索同日而语。更重要的是,当你告别墨守成规的心理,会发现一个全新的世界,一个真实的自我。

一家三口从农村搬到城市,准备找一处房子租住。大多数房东看到他们带着孩子,拒绝租借。最后,他们来到一个二层小楼的门前,丈夫小心敲开了大门,对房子的主人说:"请问,我们一家三口能租住您的房子呢?"

房主看了看他们,说:"很抱歉,我不想把房子租给带孩子的租户。要知道,孩子非常闹心,我需要安静。"再一次被拒绝,夫妻两个显得非常失望,拉着小孩的手转身离开。

孩子把这一切都看在眼里,走了没多远,他转身跑回来,用力敲了敲大门。房子的主人打开门,疑惑地打量着眼前的小家伙。小孩突然对房东说:"老爷爷,我可以租您的房子吗?我没有带孩子,只带了两个大人。"房东听完孩子的话,哈哈大笑,最终同意把房子租给这一家三口。

其实,事情没有想象中的那么难,只是把自己逼入了绝境,陷入了思维的定式而已。如果你懂得转换思维,自然容易走出困局,重拾好心情。

在这个世界上,一个能够进行反向思考的人,才是真正伟大的人物。学会逆向思考是如此重要,然而在我们身边,很少有人把它当做一种修养。人们喜欢遵从你习惯的量去做事,不懂得彻底否定眼前的一切,这样会限制创新思维,让视野变得狭小。

倘若能转换一下角度,以逆向思维来应对,那么你就掌握了一条通往成功的诀窍。经常听到各种各样的抱怨,因为无法摆脱眼前的窘境而懊恼,甚至激化矛盾。大多数人总是产生这样的疑问:为什么我这么笨?其实,只要改变一下方向,就容易发现另一个世界,正确不理解眼前的一切。

在各自领域有所成就的人,不是那些一成不变,或者因循守旧的人,而是那些敢于创新,敢于打破常规,敢于质疑,敢于做出改变的人。逆向思维是解决问题的有效办法之一,当你陷入固定思维模式的窠臼而自怨自艾时,不妨用逆向思维去解决问题,最终摆脱不良情绪的困扰。

> 变换思路让人豁然开朗,心态也会舒畅积极。面对问题的时候,从相反的方向去理解、思考和判断,容易快速找到正确答案,从失意和烦恼中解脱出来。

> 第六章

情绪传导：别让自以为是的人感染和同化你

　　你会时刻受到他人的情绪感染，也会影响到他人的情绪体验，这是情绪传导规律。关键时刻，不为他人的情绪买单，就能多一分理性，成为有主见的人。

不要小看情绪的传染力

情绪是可以传染的，不管是积极还是消极的情绪，都具有传染的因子。我们可以从别人好的情绪中得到正能量，也能被别人坏的情绪感染，从而觉得空气不那么新鲜了，阳光也没有昨天明媚。

接受积极情绪的感染，抗拒消极情绪的传染，你才能保持乐观的心境。培养强大的心理防御能力，有助于抵抗外界不良情绪的干扰。另一方面，遇到麻烦的时候，懂得用积极情绪感染大家，能够展示出强大的领导力。

周五的早上，销售部门的比尔·李斯接到一位顾客的电话，说为了一家船务公司的装配，他几个月前在贝尔公司订了一批安全装备，但是当装配工作几乎快要完成的时候，突然发现自己根本没有预定。这位顾客预计周末完工，这一突发状况将会令他损失惨重，因此惊慌失措之余前来求救。

不过，客户急需的这种装备，公司只有看到订单才会生产，根本没有存货；而且要装备的话，还需要一种特殊的工具。尽管如此，比尔还是告诉对方会全力以赴提供帮助。随后，比尔跑到工厂，越过了整个生产流程，便召集大家齐心协力地开始工作了。

客户需要十五个设备，即便是全力配合，但生产前装备的可用摄像机却来不及准备。于是，比尔又联系了洛杉矶的摄影机供应商，立即把十五架摄像机送到贝尔工厂。当摄像机安全抵达洛杉矶机场，比尔取回了摄像机，立即回到装配线组装完成。

与此同时，比尔又与联合航空公司安排航班飞往旧金山，再由旧金山送到西雅图。由于工作人员已经下班，新接班的人对此一无所知，比尔甚至与对方大吵了一架。

当飞机已经离开闸门，所有人都认为来不及的时候，比尔冲过联合航空的机场跑道，跑到飞机前面，引起了驾驶员的注意。最后，飞机不得不停下来，比尔将货送上了飞机，而西雅图的顾客也在当晚取到货物，得以如期完成了架设工程。

在人际交往中，一个人产生了不良情绪，也会传递给其他人，让后者陷入情绪低谷。为什么你心情不好？是不是刚才听了同事的抱怨，或者上司发布了一个坏消息？没错，情绪的传染力就是这么强大。

事实上，大家都喜欢脸上永远洋溢着灿烂笑容的人。看着明媚的笑脸，你的心情也会春暖花开。但是，月有阴晴圆缺，人的心情也分喜怒哀乐。当一个心情不好的人在身边抱怨，或者对你横眉冷对时，该怎么办呢？

消极应对，让不良情绪毁掉你一整天的心情？还是积极应对，不受坏情绪的影响？当然，聪明的人会选择后者，增强自身免疫力，不受情绪流感的传染。

> 威廉·华兹华斯曾说过："适合自己的生活才是美好而诗意的。"所以，获得幸福的最有效的方式就是不为别人而活，不让别人的想法影响自己。

正确处理他人的情绪

情绪是一件很神奇的东西，有时候不是由自己决定，反而被他人影响。经验表明，仅仅处理好自己的情绪还不够，正确应对他人的情绪才能理顺好各种关系，应对复杂局面。

"处理他人的情绪"，不是影响和干预对方，而是合理应对他人的情绪反应，不激化彼此的矛盾。尤其是对方表现出强烈的负面情绪时，要帮助其走出情绪沼泽，并免受其害。

一个男孩子被老板炒鱿鱼了，非常伤心。悲伤是徒劳的，公司裁员，他只能被淘汰。一想到女朋友和自己的未来，他就觉得眼前一片黑暗。

男孩没有勇气回家，不敢面对自己喜欢的人，不知道如何是好。在他心里，不仅仅是无助，更多的是惭愧和内疚。他突然怀疑自己，给不了心爱的人幸福，太无能了。对男人来说，这很让人失去自信。

回到家已经是半夜，女朋友已经在沙发上睡着了，桌子上还放着没有动过的饭菜。

事后，女朋友并没有责备他，没有哭也没有闹。她只是说，当初两个人一起坚持，一起奋斗，才走到了一起；现在，只不过是重新开始而已，不放弃努力才是最重要的。

在女孩子的鼓励和支持下，男孩子走出失落状态，很快找到了新工作，并且实现自己的诺言。有这样的女孩子在身边，真是一种莫大的幸福。

不良情绪的传染是在潜移默化中进行的。人们总是在不知不觉中让本来绿色的心情染上可怕的灰色，即使你对坏情绪有很强的"免疫力"，也不能保证长期免受其害。所以，为了避免被他人不良情绪左右，应尽量远离情绪消极的人。

此外，你要成为一个有主见的人，被轻易被对方的不良情绪击倒。没有主见的人最容易受他人情绪的感染，最容易被拉入消极的深渊。因此，置身他人的不良情绪中，要做到有主见，专注于内心的体验，主动抗击外界干扰。

如果你长期被不良情绪包围，得不到解脱，恰恰你又是没有主见的人，那么请转移注意力，寻找坏情绪源的可爱之处。

人生就像一段美丽的旅程，因为风景不同，所以世人走的路也不相同——有的路阳光明媚，有的路阴云密布，有的路落英缤纷，有的路绿树成荫。关键是，你要确保自己走在阳光里，远离情绪阴霾。

> 正确处理他人的情绪,最重要的是了解症结所在,然后对症下药。为此,你要学会思考和倾听,针对具体情况采取相应的方法,并免受不良情绪干扰。

努力做一个有主见的人

偏见就好像一堵墙,那些带有偏见的人只看到了墙,看不到墙那边的土地、鲜花与河水,而且固执地到处宣扬:"墙那边不可能有花朵和河流!"心性宽厚的人有长远的眼光,通达的智慧,所以及时避免了偏见的危害。在他们眼里,到处都是美丽的风景,满眼都是希望和别人的笑脸。

哈兹立特说:"偏见是无知的孩子。"的确如此,人一旦有了偏见,就会失去公正客观的评价,脱离了原来的基本事实。而且,整天抱着偏见的人不会有太大的进步,更不会获得成功。生活中的大多数人都或多或少抱有偏见心理,甚至连哈佛大学的校长也不例外。

一对穿着朴素的夫妇专程从外地赶到哈佛大学,他们此行的目的是想见一见这所著名大学的校长。

校长的秘书看到老夫人穿着一套褪色的条纹棉布衣服,而老头则穿着布制的便宜西装,便轻看了对方。秘书问这对夫妇:"你们预约了吗?"

这对夫妇有些底气不足,说道:"没有预约。"

秘书想早点把他们打发走,接着说:"校长全天都很忙。"

"我们可以慢慢地等。"老夫人答道。

随后,秘书就没再理会这对老夫妇,她断定这两个乡下人等得不耐烦了,会自行离开。没想到,过了几个小时之后,两位老人还静静地坐在那里等候。

无奈之下,秘书只好走进办公室,对校长艾里奥特先生说:"有一对老夫妇已经等了几个小时了,您能见他们几分钟吗?"

校长无奈地叹了口气,点头同意了。很明显,他不愿意花几分钟时间见这两个老人。特别是当他看到老人的衣着后,更一度认为老人破坏了会客室的环境。

接着,校长板着脸,傲慢地走到老夫妇面前。老夫人首先开口了:"我们的儿子曾在哈佛读了一年书,在这里的日子是他一生中最开心的时光。没想到,一年前他在意外事故中丧生了,所以我们想在校园的某个地方盖一座建筑,来纪念和怀念他。"

听到这里,校长不但没有被打动,反而被激怒了。他粗声粗气地说:"夫人!我们不会为任何一个在哈佛读过书并离世的人建雕像。"

"哦,不,不。"老夫人赶紧解释道:"我们并不是说要在哈佛建雕像,而是捐一座建筑。"

校长瞪大了眼睛,紧盯着这两个衣着朴素,乃至有些破旧的老人,然后说道:"一座建筑!你们知道一座建筑要花多少钱吗?在哈佛,学校的建筑物价值超过750万美元。"

老夫人听完校长的话沉默了。过了一会儿,她转身对丈夫说:"建一所学校总共就花这么点钱吗?那我们为什么不建一所属于自己的学校呢?"

于是,他们就投资建了斯坦福这所世界闻名的大学。

很多时候,失败并不是因为我们技不如人,也不是缺乏成功的机会,而是在心理上默认了一种固定不变或狭隘的看法。正是这种意识让人们觉得某个目标不可能实现、某个做法不被允许,从而在很大程度上囚禁了自己的思想,导致了"偏见"的产生。

偏见之于正见,二者互相伴随,有时候还会纠缠在一起,不容易甄别。摆脱偏见最好的武器是包容。一个偏见较少的人,错误就会少一些,视野会更大一些,成功的机会也就更多。因此,学会宽容才是战胜偏见最好的方法。那么,如何拥有一颗宽容的心呢?

对于宽容,可能很难有一个准确的定义,因为它不仅是一种行为,更是一种智慧。不计较就是宽容的一个重要表现。执着于他人的错误,不仅限制自己的思维,而且会阻碍自己迈向成功。忘却也是宽容待人的一个好办法。忘却昨日的纷扰是非,忘却他人对自己的诋毁和侮辱,不用别人的错误惩罚自己,这样才能有快乐的心情。

> 许多人在重组自己的偏见时,还以为自己是在思考。学会公正客观地看待身边的人和事,并免受外界不良情绪的干扰,你才能成为一个持有正见的人,赢得外界的尊重。

沉住气,人生没有翻不过的山

在人生旅途上,每个人都要受到命运之神的捉弄,它让你烦恼、痛苦、屈辱。面对人生的沧桑,许多时候是无能为力的。这时候,你要沉住气,坚守内心的理想,迎接转机。

控制自暴自弃的冲动,不选择逆来顺受、消极颓废,也不逃避事实、胆小怕事。那么,你就能不屈于命运之神的诱惑,在沉默中悄然立下远航的信念。

沉住气的人可以把难熬的寂寞、怨愤、艰辛强压在心底,不使倾斜心灵的天平;可以让你相信寒冰终能解冻,春天必会来到,暴风雨过后的天空更加美丽。倔强的心灵在低调中熬炼,坚强的意志再忍耐中生成,强大的爆发力在忍耐中积蓄。

如果你能沉住气,即使面对人生的无奈也能守住阵地,迎接新的转机来临。反之,遇事沉不住气,做人太情绪化,不利于成就事业,只会让你错失良机。

最近,杰克的公司发生了一件离奇的事故——有人在电梯里遇难。据说,死者的表情很惊恐,像是被吓死的。结果,这件事情传得沸沸扬扬。

有人猜测，检修人员失误才导致这次事故；还有人猜测，可能是因为当时停电了，然后被困在电梯里，因为缺氧导致死亡。不管什么原因，一个鲜活的生命消失了，的确是一种遗憾。

最后，调查人员给出了结果，这个人是因为惊吓过度，导致突发心脏病猝死。也就是说，当时一下子陷入黑暗，又无法自救，当事人因为过分惊恐遇难。

遇事慌乱的人，失去了最基本理性分析和判断，又如何迎接更艰巨的挑战和考验呢？无论面对怎样的危难，都能处变不惊，才能妥善应对眼前的一切。

人生在世，一步一步向前走，其实就好像爬山一样，当你筋疲力尽地爬到山顶，以为接下来就是平坦大道，也许出现在眼前的是一片沼泽。难道因为害怕就不走了吗？不，请继续坚定地走下去。沉住气，保持情绪稳定，更伟大的胜利在等候你。

福楼拜曾经对学生莫泊桑说："天才，无非是长久的忍耐！努力吧！"高耸的丰碑、辉煌的业绩都诞生于忍耐之中，生命的负债往往正是生命辉煌的开始。当你陷入痛苦的深渊又无法扼住命运的咽喉时，要心平气和地接纳当下所处的弱势，然后发愤图强，争取早日冲破牢笼。

沉住气的人能有效控制情绪，不被外界打扰心绪，所有的痛苦都能够在忍耐中得到淡化，所有的眼泪都能够在坚忍中化作轻烟。这样的人生，想不精彩都难！

> 即便前面是沼泽，沉住气，想想办法，一样可以一步一个脚印的趟过去。最重要的是有一颗淡定的心，学会在忍耐中锲而不舍地追求，学会不屈服于种种障碍，继续不停地做自己分内的工作，从而笑到最后。

第七章

情绪释放：快速摆脱消极负面的不良体验

不良情绪是智商的敌人，会降低人们理性思考的水准。让负面情绪宣泄出去，减轻内心压力，解决问题的能力才能回到正常水平，并重拾快乐与自在。

果断地丢掉情感垃圾

每个人都渴望拥有幸福的人生，渴望享受天伦之乐，并追求健康长寿。为此，注重饮食，提升生活品质，关心天气变化等等，就成了许多人日常生活的主题。除了这些因素之外，还有一点不容忽视，那就是排除情感垃圾，保持心理健康。

就像一座房子需要不定时地打扫，才能时时刻刻保证房子的整洁和干净，定期清理内心的情感垃圾和负面情绪，才能活得舒心自在，做事才能有干劲儿。内心承载着太多负荷与压力，整个人会陷入亚健康状态，自然效率低下。

有的人曾经经历过很多伤心的事情，有忘不掉的人，有后悔的事情，有错过的时光，有失败的工作。回首过往的经历，总免不了唏嘘感叹。如果这些不良情绪被保存在心里，久久挥之不去，会严重损耗个人精力。

一个年轻人陷入了焦虑状态，他说："我之所以忧虑是因为我太瘦了，觉得在掉头发，觉得现在过的生活不够好，我很担心给别人的印象不好，总害怕无法做一个好父亲……"

他曾经历过精神崩溃，原因就是他很难接受生活中的不如意。他无法让内心静下来，希望赚很多钱，给未来的妻子和孩子带来美满幸福的生活，希望给所有人都留下好印象。但现实总是很残忍的，他害怕失去女友，害怕工作不够努力，无法赚到足够多的金钱……

结果，他的精神压力越来越大，身体状况越来越差。后来，他患上了胃溃疡，内心的忧虑也随之加重，甚至因担心自己会死掉而辞去工作。这个年轻人情感垃圾太多了，而无法将它们放下，因此每天生活得很痛苦。他甚至认为，连仁慈的上帝也抛弃了自己。

最后，他决定去佛罗里达旅行。可是，站在一个完全陌生的地方，仍然没能摆脱坏情绪的困扰，甚至比在家乡的时候还要烦躁不安。

这时候，他收到了父亲的信："我相信，无论身体还是精神，你都没问题。之所以会这样，是因为你把生活想象得太理想化了，内心的情感垃圾太多了。"

在教堂里，神父对年轻人说："能征服精神的人，强过能攻城占地。"这时，他才认识到坏情绪的根源。第二天，他果断离开佛罗里达回到家乡，重新做回了自己以前的工作。不久，便与深爱的女友组建了家庭。

消极、负面的情绪是人生路上的绊脚石，应该果断地清理掉，你才会轻装上阵，走得更快更远更轻松。对失恋的人来说，既然已经无法牵着爱人的手，那就果断放开，虽然会很痛，但是抓在手里会更难受。

生活中，许多人抱怨压力大，忧愁多，其实这些烦恼表明：你在精神生活中背负着许多不必要的"重物"，因此对生活和工作备觉辛劳、无趣。人生在世，生活与工作是绝不轻松的，因为它们本身就意味着一种承担和责任。这时候，如果再额外加上不必要的精神负担，日子就很难过了。

选择放下就在一念之间，但是这一念之间决定的事情，会影响自己当下的状况，甚至影响未来一生。放下那些没用的东西，会减轻负担，让内心多一些快乐，少一些忧虑。当一个人净化了内心，整个人生也会明亮起来。

> 在波平如镜的河面上怎会映不出明月？在万里无云的天空怎能没有阳光普照？显然，让自己的心情像风平浪静的水面，让自己的思想像碧空万里的蓝天，而不被负面情绪干扰，生命里才能多一丝亮色和喜悦。

学会用努力战胜怒气

如果不良情绪一直闷在心里，得不到发泄，就会像蓄满洪水的堤坝，最后被洪水冲垮。那个时候，人注定会精神崩溃。所以，产生不良情绪的时候主动宣泄、释放和疏导，才能免受控制，失去理性判断。

当一个人愤怒的时候，不妨分析你生气的原因，而后找到问题的症结所在，然后想办法去化解。学会用努力战胜怒气，胜过气指颐使。

早年，英国外科医生爱德华·金钠，不断将"牛痘疫苗对抗天花感染"的论文和实验结果呈给伦敦皇家学会，结果不断被拒绝、被退回。

原来，伦敦皇家学会认为：用牛痘防治人类天花根本是无稽之谈。看到这样的结局，金钠非常生气。不难想象，努力的结果得不到承认，任何人都会郁闷。然而，他并没有被愤怒冲昏头脑，很快就重新振作起来。

1796年，金钠继续做实验，发誓证明这一理论的科学性。当时，女孩尼尔梅斯因手指刺伤后挤牛奶而感染了牛痘，金钠在她手指的脓包内取出少许脓液，用一根干净的刺针涂到另一名8岁男孩菲普斯的左胳膊上，然后在涂抹处划了两道伤口，让脓液进入身体。

结果，菲普斯出现轻微发烧等感染症状，但很快就恢复了健康。显然，这个过程与少女感染牛痘后的情形一样。不久，金钠又用牛痘浓汁依照痘毒接种程序再接种到菲普斯身上，结果后者没有出现任何感染症状。

这验证了"牛痘疫苗对抗天花感染"的科学性，至此金钠成功了。这个坚强的人没有被愤怒占据心灵，而是化愤怒为动力，通过实验证明了理论的正确性。随后，金钠自己发行小册子，不断向医学界阐述这一理论。后来，医生们慢慢接受了牛痘病毒接种预防天花的方式。于是，这种治疗技术逐渐被广泛采用，并迅速传播到世界各地。

愤怒是一种无助的表现，因为没有更好的方法摆脱眼前的困境。一时愤怒有情可原，如果不能及时控制情绪，为了某件事持续愤愤不平，会毁了自己。从另一个角度看，无法摆脱愤怒情绪，也是一种心理不成熟的表现。

在我们周围，许多人在心理上有时显得很幼稚。他们在人际交往方面屡屡碰壁，在工作上无法取得出色业绩，经常为此懊恼不已，却丝毫不能通过努力改变自己，这显然与心理不成熟有莫大关系。

研究发现，总有一些人在心理承受力、耐受力和适应性等方面的表现超越常人，显示出高水准的心理成熟度。他们能够用努力战胜怒气，与社会环境及其周围人群形成良好的互动，在事业、人际关系等方面一帆风顺。这种情绪释放与心理掌控能力值得每个人学习、借鉴。

> 人生路上，不可能一帆风顺，总会有些磕磕绊绊等着你。面对别人的质疑和挑战，要学会摆好心态，用不断的努力战胜愤怒，从而取得成功。

给自己松绑，才能走得更远

遇事想不开，纠结不已，对自己没有任何好处。因为不能解开这些心结，心灵就会被禁锢窒息。患得患失、过分计较将会成为人生的绑绳和枷锁，使自己停滞不前或无所突破，永远局限在一个狭小的空间范围内，逃脱不得。

生活不论如何折磨人，如何将你压缩在一个四方的小盒子里，但思维的空间是不受限制的，心灵的视野没有藩篱，无比宽广。在不如意的时候，学会将心灵从意识的牢笼里解放出来，心灵的空间就会越来越大，任你驰骋，来去自如，而成功的力量正是来自于这个空间。

反之，一个被捆绑的身体，将失去行动的自由；一颗被捆绑的心灵，将无法与他人进行必要的交流，生活也将因此而变得灰暗。所以，会给自己松绑，让不良情绪释放出来，心才能承载更多有价值的东西。

琼斯是一名会计人员，已经为公司服务十几年了，对工作团队感情深厚。但是，最近他做了一件蠢事，几乎将公司推进深渊。

原来，前段时间公司来了一位新经理，随后公司进行大换血。除了一些不可替代的老员工，几乎所有工作时间不足五年的人都被换掉了。当然，补位者都是新经理的心腹。还好，在新经理的领导下，公司业绩有了较大提升。

虽然大家一开始对裁员不满，但是看到公司效益提升，也就不再说什么了。然而一个月前，琼斯发现公司的财务有问题，而且是经理背着所有人偷偷做手脚。

琼斯找到经理询问，得到的是对方的警告——如果告发，琼斯会丢了工作。作为家里唯一的经济来源，琼斯很烦恼，坚持视而不见，还是应该去告发呢？一段时间里，他为此痛苦不堪，根本无心好好工作了。

回到家里，看到孩子纯真的笑容，琼斯突然想通了。第二天，他检举了新经理。虽然因此丢了工作，但是琼斯不必每天惴惴不安了。很快，他又找了一份新工作，过上了安稳的生活。

是谁把你推进了烦恼的沼泽？是谁把你引向了痛苦的深渊？如果你继续愤愤地思索是谁伤害了自己，又苦苦地寻觅谁能拯救自己，那就真的会被烦恼捆得结结实实。能让你痛苦不堪的人不是别人，唯有自己。

一栋房子如果没有窗户，温暖的太阳就无法照进来，新鲜的空气也不能飘进来。人也一样，如果心灵被捆绑，就会感到沉闷，只有释放自己，心才能够通达，心灵的视觉才更清晰。

人所以会产生苦恼，会惹来烦恼，是由于对欲望的执着，而把自己封闭在自己所想象的虚幻世界里，会变得不自在、无能为力，从而产生苦闷、失落、反叛的情绪。如果你能一直坚持做到诚实、不自欺，必然能够靠自己的力量摆脱所有虚妄的苦恼和困惑。

> 这个世界上，没有人能够缚得住你，没有烦恼能缚得住你。"不要被他人的论断束缚了自己前进的步伐。追随你的热情，追随你的心灵，它们将带你到想要去的地方。"

勇敢甩开一切束缚

一位哲人说："人生如车，其载重量有限，超负荷运行会促使人生走向其反面。"人的生命有限，而欲望无限。如此看来，学会辩证看待人生、看待得失是十分必要的。有时，用减法甩掉人生过重的负担，才能避免不堪重负。

学会做减法，是在延展人生的厚度和高度。然而，生活中许多人一直在做加法。对权力的渴望，对金钱的贪念，对成功的迫切让人们给自己设置了很多标准和束缚。人生就像一个容器，里面添加了各种庞杂的事物，有的必不可少，但更多是不必要的东西。

在亚洲西部，阿拉伯人和犹太人聚居的地方，有一个中东国家叫"巴勒斯坦"。在这个国家相距不远的地方，有两个海世界闻名。

其中一个是淡水海，里面有鱼、虾，各种海藻，阳光能够透过海水照到水底的贝壳上。绿色的树木装饰着河岸，树木的枝叶覆盖着河面，树木的根部吸着甘美的淡水。而它的源头就是约旦河。从山下流下来的河水带着飞溅的浪花，成就了这个海。因为中东地区水源非常珍贵，人们都是依水而生，所以这个海被当地人成为"生命之海"——加利利海。它在阳光下歌唱，人们在周围盖房子、鸟类筑巢，每种生物都因它而更幸福。

此外，约旦河作为一条重要的水源在流经 Hula 湖，加利利海之后，在下游河段，水流变得蜿蜒曲折，最终流入另一个海。约旦河的终点没有鱼的欢跃，没有树叶，没有鸟类的歌唱，也没有儿童的欢笑。除非事情紧急，旅行者总是选择别的路径。这里水面空气凝重，没有哪种生物愿意在此饮水。这个海是"死海"。

人们都有这样的疑问，这两个海彼此相邻，为何如此不同？显然不是因为约旦河，它将同样的淡水注入；不是因为土壤，也不是因为周边的国家。研究发现，区别在于：加利利海接受约旦河，但决不把持不放。每流入一滴水，就有另一滴水流出，接受与给予同在。

相反，死海由于海拔低，只是接受约旦河的水量却没有流出，因而海水的盐分过高，是一般海水的 8.6 倍。所以，死海没有潮起潮落，波澜不惊。在阳光的照射下，海面像一面古老的铜镜，熠熠生辉。岸边，没有惊鸿照影，沙鸥翔集，群鸟嬉戏；水里也没有水草浮动，锦鳞游泳，连小鱼小虾也看不到。

加利利海适时做减法，不仅给予了别人生机，还完善了自己，因而生机勃勃。死海只做加法不做减法，盐分含量变高，连生物都无法生存了。人生也是如此，要尝试着做减法，给阳光的记忆留点空间。

人要学会成长，就必须当舍则舍，当断则断，脱掉厚重的行囊轻装上阵。为此，必须丢掉束缚，过减法人生。过减法的人生以一种平和的心态面对生活，不以物喜，不以己悲，不做世间功名利禄的奴隶，也不为凡尘中的各种烦恼所左右，提升自己人生的高度。

> 想想什么才是人生的终极意义，如何找到心灵的栖居地。学会做减法，能帮你抛开一切名缰利锁的束缚，使人性回归到本真状态，从而获得心灵的自由。

第八章

情绪选择：让积极成为你性格的一部分

心理学家马斯洛说："心情若改变，你的态度就跟着改变。态度改变，你的习惯就跟着改变。习惯改变，你的性格就跟着改变。性格改变，你的人生就跟着改变。"

生活失去了希望，就成了磨难

　　生活失去了希望，就好像人失去了灵魂，成了行尸走肉，虽然还是活在阳光之下，行走在人群之中，却已经不再是一个完整的人了。生活中看不到希望，无论对自己还是对身边的人，都是一场磨难。

　　对一个人来说，"希望"意味着什么呢？它像沙漠里的绿洲，像荒岛上的同伴，像流泪时的一片纸巾。也许这些看似都不重要，但是却支撑着一个人的全部。人生没有了希望，也就失去了方向，失去了目标，那和咸鱼还有什么分别呢？

　　乔安娜·凯瑟琳·罗琳出生在英国一个不知名的小镇上，没有出色的外表和显赫的家庭，是一个普通的小女孩。长大后，她一直默默无闻，就读的大学也是一所普通的院校。

　　然而，罗琳具备丰富的想象力，上学的时候经常去图书馆看一些童话书。25岁的时候，她来到具有童话色彩的葡萄牙，在那里找到了一份英语教师的工作。

　　不久，一位年轻的记者走进了她的生活，两个人相见恨晚，很快步入了婚姻殿堂。丈夫无法忍受罗琳的奇思异想，开始和其他姑娘来往。后来，两个人的婚姻终于走到了尽头，罗琳带着女儿开始独立生活。

　　坏运气接连来袭，刚离婚不久，罗琳又被学校解聘了。失去了工作，她只能回到故乡，靠领取政府救济金度日。尽管日子很艰难，但是她没有放弃自己的梦想，依然沉浸在童话世界中。

　　有一次，罗琳取救济金，坐在冰冷的椅子上等候地铁。忽然，一个童话人物形象涌上心头。回到家以后，她铺开稿纸开始写作，结果创作灵感彻底迸发出来，一发不可收拾。

　　几个月后，她的第一部长篇童话《哈利波特》问世了。找了好多家出版社，才得以出版。超出所有人的预料，这部小说一上市就畅销全国，随后风靡世界各地。随后，她又创作了一系列童话作品，结果也广受市场欢迎。由此，她的生活有了很大改善。

后来，乔安娜·凯瑟琳·罗琳名列"英国在职妇女收入榜"之首，被美国《福布斯》杂志评为"100名全球最有权力名人"的第25位。

人生最可怕的敌人就是缺乏坚定的信念。对年轻人来说，信念和梦想可以改变一切。在这个世界上，只要始终能够看到希望，永远持有坚定的信念，就没有什么人和事可以将你打败。每个人都应该在信念的引领下创造奇迹，告别碌碌无为的生活。

美国足球联合会主席戴伟克·杜根说过这样一段话："如果你觉得自己会被打倒，那你肯定就会被打倒。如果你觉得自己屹立不倒，那你肯定能屹立不倒。你渴望成功，又觉得自己没有取得成功的能力，那你肯定不会成功。你觉得自己会失败，那你肯定就会失败。"

人生的价值并不在于成功所带来的荣耀，而在于树立信念以及努力追求的过程。因此，无论人生的道路是布满荆棘还是充满坎坷，任何时候都要怀着坚定的信念，执著追求。

> 希望是黑暗中的明灯，是寒冬的阳光，是一切怯懦和失败的克星。任何时候都要拥抱梦想，只要仍存期待，只要不放弃努力，人生就会有很多机会和幸运在前面等候相遇。

没有人能使你不快乐，除了你自己

快乐到底是一种什么样的情绪状态？快乐到底从哪里来呢？有人认为，快乐是别人给予。也就是说，如果没有别人配合，自己找不到快乐的理由和方式，甚至别人的一举一动都会影响到自己的情绪。

但也有人认为，快乐是由自己决定的，不会因为别人的一言一行就变得喜怒无常，快乐应该是自己的事情。即便遇到困难，只要心理状态好，依然可以不伤心、不生气，绝对不会因为外界某些东西变得情绪低落。

所有人都不明白，为什么爱丽丝总是每天笑容满面，就好像泡在蜜里一样。她似乎从小到大都不知道什么是伤心，即便被上司批评，也总是笑着接受。凭借这一点，爱丽丝在公司有很好的人缘。

只有好友安娜清楚，爱丽丝是一个经历过很多苦难的人，并非大家看到的那样坚强。其实，爱丽丝也是一个感性的女孩，也有一颗脆弱的心灵。但是，她遇事的时候选择积极面对，用快乐的心情迎接一切苦难，才会笑脸示人。

一年前，爱丽丝被男朋友骗走了身上所有的钱，孤身一人到另一个城市打工。后来，父母离异，她还要往家里寄钱，供弟弟上学。在背地里，爱丽丝也会偷偷地流泪，但是她总是告诉自己，生活对自己还算公平。

虽然被男朋友骗了钱，但是她认清楚了一个人，没有与他相伴一生，这是多大的幸运啊！孤身一人到异地打工，能遇到那么多热心的同事，自己又多了许多朋友。父母虽然离异，但是至少都身体健康，可以随时与他们见面。虽然还要寄钱养家，但是弟弟很懂事，学习成绩很好，生活还是充满了希望。

在挫折和打击面前，爱丽丝选择了勇敢面对，所以她收获了满足、快乐。她感谢上帝对自己的考验和恩赐，也把这种好情绪传递给身边每个人，让大家受益良多。

没有人能使你变得不快乐，除了自己。如果内心快乐，即便外面刮风下雨，电闪雷鸣，也会觉得是大自然的杰作，令人赏心悦目。反之，如果自己不快乐，即便春暖花开，鸳鸯戏水，依然是一片伤心。

生活中是否与快乐为伴，完全取决于你对周围人和事的看法。一个人的态度决定了他能达到的高度：如果你认为自己摆脱不了贫穷，那么一生将会在穷困潦倒中度过；如果你认为贫穷是可以改变的，就能通过不懈努力过上富足的生活。

人的一生不可能万事顺利，难免遇到暂时的挫折和委屈。无论面对怎样的困难或病痛，我们都应当以乐观积极的态度去面对，微笑着迎接生活中的每一天。以乐观的态度面对这个世界，你的生活就会充满阳光。

> 当你战胜了苦难，它就是你的财富；当苦难战胜了你，它就是你的屈辱。当你掌握了快乐，它对你来说就是幸运；然而，当快乐控制了你，它会让你乐极生悲。

心情不好时寻找感谢的理由

生活中不如意事十有八九，这些情绪很容易集结成一个个长时间无法逾越的心理鸿沟。因此，抱怨变得随处可见：抱怨父母过分管制，抱怨领导严苛要求，抱怨家庭琐碎繁忙，抱怨社会复杂不公。

怨愤情绪常常积于胸中，让人整天愁眉不展。是因为人们缺少理解之心吗？是因为人们缺少进取之心吗？其实都不是。根本原因是因为人们缺乏感恩的心。只盯着事情的晦暗面，而从不主动发掘事情背后的光亮面，只抱怨自己所失，而从不感谢自己所得，怎么会有快乐呢？

美国肯塔基大学的大卫·斯诺登教授曾以同一家修道院的修女为研究对象做了一次实验。在修道院里，大家的生存条件和生活条件是一致的，甚至连接受的思想都是无差别的。但是，这些修女看待世界的视角以及感受快乐的能力却是不同的。

其中有两个修女，分别对过去一年的修道院生活做出了总结。其中一位修女这样写道："在圣母修道院作为预备修女的这一年，我接受了很多思想和精神的洗礼，领悟了很多人生和自然的真理，我感到非常幸福。所以，我期盼未来的日子，我能开启出更多的智慧与快乐。"

另一位修女则是这样写的："我迫于世俗生活的苦难和压力来到圣母修道院，现在已经一年过去了，我虽然被灌输了很多的知识和思想。可是过去家庭的遭遇却并没有因此而改变。我依然不知道未来的希望在哪里。"

两个修女的总结有什么不同？第一个修女积极乐观，充满着喜悦和期盼；第二个修女字里行间充满了悲观和抱怨，没有因为收获知识而感激，反而更加感慨无法改变的过去。

这两段总结代表了什么？代表的是两个修女的心态和视角，以及透过这个视角所折射出的世界。快乐其实就是这么简单，心中有希望的人，看到的自然就是希望，心中有满足的人，感受到的自然就是快乐。

生活的戏弄或者社会的压力，乃至人际关系的芜杂，确实带来了很多心理负担。但是，这就理应成为人们不快乐的理由吗？凡事都有两面性，难道不能从中发掘出有利的、值得感恩的一面吗？

印度诗人泰戈尔曾说："没有岩石的碰撞，哪来浪花的美丽？"在奔流不息的生命之河中，试着以感激之心对待那些坚硬的拦路石吧，正因为它们的击打，才绽放出了生命中一朵朵美丽的浪花。

人生不可能一帆风顺，当你的付出没能换来同等的回报时，不要怨天尤人，而应把痛苦化作前进的动力。感谢遗弃你的人，是他们教会了你要独立；感谢欺骗你的人，是他们增长了你的阅历；感谢伤害你的人，是他们磨砺了你的心智。

> 心情不好时，总是把所有的罪过归咎于外在世界，却从不为自己寻找值得感谢和开心的理由。其实，快乐很简单。只要你看到了快乐，你就是快乐的；只要你找到了快乐的理由，哪怕是快乐的借口，你也能变得快乐起来。

唯唯诺诺的人，在心理上没有长大

经验表明，所有成功都是心理上的胜利。生活中，有人能够保持乐观、积极、顽强的心理状态，因此任何困难都无法摧毁他，这样的人大多无坚不摧。

而有的人之所以在人际交往中一筹莫展，或者在工作上屡屡受挫，根源在于他们心理脆弱，对外界的风吹草动不具备应对能力、适应能力和变通能力。他们在心理上似乎从来没长大。

当许多人还在谈论年龄优势、发展机会、职业选择等影响成功的因素时，请谨记一点：心理状态才是决定一切的关键。如果你孕育、历练出一颗强大的内心，任何挑战都不会让你情绪失控，也无法挫败你。

希尔顿开创了连锁机构遍布全球的高档酒店，几乎没有人不知道其大名。然而，又有谁知道他在创业初期仅有200美元资金呢？那么，他为何能取得巨大成就呢？一切都归功于希尔顿本人绝佳的心理素质。

刚刚起步的时候，希尔顿经过全面考察之后，决定进军酒店行业。尽管当时身上没有多少资金，但强大的内心告诉他：认准了目标就坚持做下去，一定会有所成就。

希尔顿对自己的判断能力和专业水准有足够的自信，而且做好了遭遇困难的心理准备，他相信自己有足够的信念一路走下去，直至取得成功。因此，他凭着超强的自信到处游说，希望那些银行家和风险投资商们能支持酒店项目，并且给予资金上的帮助。

最后，在希尔顿强大的人格魅力感召下，再加上酒店项目本身的可行性，许多金融家纷纷开始投资。有了资金保障，希尔顿很快就启动了酒店项目。不过，酒店建设进行到一半时，有一个投资商受到谣言的蛊惑，对希尔顿起了疑心，嚷着要撤出资金。

面对突如其来的变故，希尔顿没有惊慌，而是始终保持着冷静，表现出淡定的样子。他提前准备好了大量现金和支票，找到那个嚷着要撤资的投资商，随后平静地问道："你是想要现金，还是支票？"

看到希尔顿带来的现金和支票，那个投资商并没有改变主意。接着，希尔顿又对他说："假如你坚持收回投资的话，我不阻拦你，现金和支票任你选择。"很显然，他的自信让那位投资商动摇了。对方犹豫了一下，没有再提及撤回投资的事。

看到那位投资商的情绪已经被稳住，希尔顿决定乘胜追击。不过，他并没有一味地劝说对方打消撤资的念头，而是有条不紊地分析道："你看，现在项目已经进行到一半了，如果按预定的计划发展下去，你收回应有的投资回报指日可待。如果这时候你宣布撤回投资的话，不仅得不到回报，而且还会赔偿一大笔违约金，相信你不会干这种得不偿失的傻事。"

遇事唯唯诺诺的人，在心理上从来没长大，无法承担自己的职责和使命。内心强大的人选择积极面对，所以征服了对手。

生活中有一些人做事过度小心谨慎，有时甚至是扭扭捏捏，做什么事情都不能够放开手脚，似乎总怕犯错误。与他们相处时，会感觉特别拘谨。显然，这样的人无法有更大作为。

对每个人来说，构筑强大的心灵比任何事情都重要。内心强大的人坚定而自信，比那些缺乏自信，或给人以软弱无能、自卑胆怯印象的人，更有可能赢得成功。

> 唯唯诺诺的人缺乏自信，遇到挫折就会情绪低落，自然无法赢得委以重任的机会。遇事坚强、勇敢，选择积极面对，才能保持最佳状态，成为最优秀的自己。

> 第九章

情绪平衡：告别心理失衡才会快乐和自在

　　一个人心绪难平，心理会逐渐失衡，变得患得患失、自怨自艾。学会释怀、懂得包容、放低期望让你重回心理平衡状态，重获内心安宁与淡定。

洒脱的人生需要学会释怀

生活中,总有一些人不得不离我们而去,总有一些东西不得不失去。坦然面对不可挽回的东西,学会释怀,才能求得心理平衡。由此看来,"释怀"是一种修养,一种境界,也是一种智慧。

学会释怀,才能求得洒脱。人生像是一次长途跋涉,不停地行走,沿途有些事也许并不能尽如人意,也许会历经许多坎坷,但是用一颗理智的心选择洒脱,选择心灵的释怀,便会拥有克服各种困难的勇气与信心。

为了内心的平静,请保持一颗宽恕、释怀之心。如果把过去发生的事都牢记心上,就会给自己增加很多额外的负担。过去的已经发生了,时光不可倒流,不必耿耿于怀。一路走来一路忘记,永远保持轻装上阵,心才不累。

布洛和约瑟芬是一对男女朋友,他们经历了无数不愉快的往事,终于在茫茫的人海中找到彼此。不久,两个人结婚了,心中的幸福和感激无以言表。

一天傍晚,布洛下班路过菜市场,顺便买了一条鱼,准备回去做晚餐。然而在回家的路上,他突然看见约瑟芬和一个男人在咖啡馆里,好像很亲密的样子。顿时,布洛立刻变得心情很糟。

联想到约瑟芬这个月总是回来很晚,布洛更加忧心忡忡了。后来,约瑟芬回到家,布洛生气地问:"这段时间你总是很晚才回来,很忙吗?"

约瑟芬笑着说:"是啊,分司正好有个项目,这个月底必须完成。"

布洛不耐烦地说:"是吗?今天我看见你在咖啡馆,是不是有事瞒着我呢?"说话的时候,布洛的声调拖得很长,显然不相信对方的话。

这时,约瑟芬感觉到布洛可能误会自己了,便说:"哦,下班时碰到一个老朋友,就陪他聊了几句。"

布洛终于忍不住了,大声喊着:"是这么回事吗?我看不是一般的老朋友吧!难道是老情人?既然你现在还忘不了,干嘛不回到他身边去?"

听到这些话,约瑟芬彻底愣住了,心里顿时非常不满:"你在胡说什么?不管以前我和谁曾经交往过,都已经成为了过去。你不仅侮辱了我,侮辱了我们的爱情,还侮辱了你自己,我对你太失望了。"说完,约瑟芬摔门而去。

随后,布洛懊恼地往沙发上一坐,又气愤又后悔。他也知道,约瑟芬和那个"前任"早已成为过去,然而看到两个人在一起的样子,他就隐隐做痛,忍不住嫉妒得发狂。他知道,是自己放不开,对约瑟芬的过去不能释怀。

其实,人间的许多烦恼都是自找的。有些人刻意追求完美、处处苛求而痛苦不堪;有些人对自己犯下的错误无法释怀,对别人犯下的错误不肯原谅,陷于痛苦恼怒难以自拔。这些烦恼让他们远离了人群,处于孤独之中。

也许现实并不能尽如人意,成长的道路上布满荆棘。但是用一颗理智的心选择洒脱,选择心灵的释怀,便有了披荆斩棘的勇气与信心。

学会释怀,可以让自己活得轻松一些。在学会释放一种心情后,就会觉得有一种豁然开朗。如果总是想着一些不曾忘却的事情,就会"钻牛角尖",最终无法自拔。

当你学会了释怀,心就变得轻松,无论是面对朋友还是仇人,你都能够报以甜美真诚的微笑。相反,如果始终不能忘记怨恨,这种做法其实是害了别人,也苦了自己。只有忘记那些不愉快,放下了责怪和怨恨的包袱,学会释怀,才能有更多的快乐。

> 为了你自己,为了快乐,为了内心的平静,为了光明的未来,请一直保持着一颗宽恕、释怀之心,这样你将获得更多。学会释怀是一种达观,一种洒脱,一份人生的成熟,一份人情的练达。

想想那些不如你的人

林肯曾说:"大部分的人在决心要变得幸福的时候,就会有那种幸福的感觉。"在这个世界上,有许多东西可以让人感到满足,但是仍然有很多人在抱怨生活的不如意。如果多想一想那些不如自己的人,做一个比较,你会感觉到应有的幸福。

不同的人对"幸福"有着不同的定义,无论一年中的春夏还是秋冬,无论一生中的童年、中年还是老年,不同的时候呈现着不同的样子。唯一不变的是,幸福一直陪伴在我们身边,不离不弃。

幸福,首要的是知足,活着一天就是福!生活中,经常听到有人说:"唉!我怎么这么不幸?"其实,任何事情都有两面性,在你感知不幸的同时,不妨试着去发现幸福,即使我们遭遇到人间最大的不幸,也不要放弃,只要活着就是幸福,就有希望!

在我们身边,很多人都在努力寻找幸福,费劲心机和力气,却仍旧只能摇头叹息,慨叹幸福太远,遥不可及。幸福真的那么遥远吗?其实,真正的幸福就在身边,懂得知足、感恩的人更能获得快乐。

琼斯与男友恋爱五年,高兴地步入了婚姻殿堂。然而过了一段日子,她却感到非常厌烦,于是回家与母亲倾诉。

"没想到婚姻生活这么糟糕,跟我想象的完全不一样。丈夫既没有很多的钱,也没有好的职业,每天的日子周而复始,单调无味。我简直无法忍受了。"

听到女儿的抱怨,母亲笑着问:"你们在一起的时间多吗?"

琼斯说:"太多了,我都厌倦整天厮守在一起的日子了!有时候,真想一个人去旅行。"

母亲听到这里,深有感触地说:"你比我幸福多了。当年,你父亲上战场，那种离别的滋味太痛苦了。我每日期盼的，是他能早日从战场上凯旋归来。可惜，他在一次战斗中牺牲了，我们再也没有见面。"

"没有什么可抱怨的，珍惜你现在的生活吧！能够与喜欢的人在一起，就不必苛责其他种种不如意了。你可能无法想象，我真羡慕你们能够朝夕相处。"

如果你还在为了眼前的不如意而耿耿于怀，如果还在为了一时的得失计较，请放低姿态，看看身边那些比你更艰难的人。学会了知足，才会有快乐。永远不满足的人，即使拥有整个世界也不快乐。

其实，世界上不是每个人都幸福，有的人并不富有甚至疾病缠身，但是在他们的世界里同样有快乐和满足。最重要的是，有一种知足者常乐的心态，站在生活的阴影中永远不会看到阳光。记住：当你不如意的时候，想想生活中那些不如你的人。

> 人们的欲望无法满足，在得到一的时候还想得到二、得到三。做人要学会满足，用自己的幸福和别人的不幸比较一下，你就会发现自己是世界上最幸运的人。

对生活的期望永远不要太高

人生际遇反复无常，不幸常常发生在瞬间，让人措手不及。面对不尽如人意的剧情，还需秉承"不以物喜，不以己悲"的精神，淡定去接受眼前的一切。许多时候，用豁达的眼光看待身边的人和事，心中就会有喜悦。

如果你仔细观察就会发现，每个屋檐下都有被命运无情摧残的人，他们被生活、命运无情地捉弄，内心苦闷，有的人在自怨自艾中沉沦，但是也有人打起精神，放低姿态接受一切，将内心的遗憾渐渐抹掉，重新找回快乐的自己。

一对清贫的老夫妇养了一头牛。这一天，老头牵着牛到集市上，准备换点更有用的东西。他先用牛换回一头驴，又用驴换了一只羊，再用羊换来一只肥鹅，又把鹅换成母鸡，最后用母鸡换来一袋烂苹果。

在回家的路上，老头扛着苹果来到一家小酒店休息，遇上了两个商人。闲聊中，老头描述了自己赶集的经过，两个商人听完哈哈大笑。"你回家肯定挨老婆骂。"其中一个商人说。但是，老头说绝对不会。随后，两个商人拿出一袋金币跟老头打赌，如果猜得不对，就白送给他。

三个人来到老头的家中。老太婆见老头回来了，非常高兴，兴奋地听着用牛换东西的经过。每次听到老头用一种东西换回另一种东西，她都充满了期待，还不时地说："哦，驴子可以驮东西"、"羊奶很好喝"、"鹅毛多漂亮啊"、"终于可以吃上鸡蛋了"。

最后，看到老头带回家的一袋烂苹果，老太婆仍旧满心欢喜："今晚可以吃苹果馅饼了！"两个商人顿时傻眼了，没想到老太婆这么积极乐观，即使换东西吃亏了也不恼火。按照打赌约定，这对老夫妇赢了一袋金币。

生活中的难事、难题太多了，如果遇到一点儿麻烦就表露在脸上，那么你注定愁云满面。不要为失去的东西、眼前的挫折感到遗憾或懊恼，甚至埋怨生活。因为任何抱怨都是徒劳的，有些东西注定无法马上改变。

一个理智、智慧的人懂得，对生活的期望不要太高。追求成功的时候，他就做好了随时迎接失败的准备；渴望幸福降临的时候，他已经准备好面临所有的苦难。生活中，怨天尤人没有任何意义，只有保持平和的心境，才能收获幸福的人生。

在任何地方，那些幸福快乐的人都有一颗豁达的心。他们遇事不钻牛角尖，懂得随遇而安，适时放低期望，找到了与这个世界安然相处的方法。用平和的心感知并理解这个世界，痛苦会少一些，快乐会多一些。而且，未来掌握在你手中，这是改变命运的最大筹码，又何必让烦恼占据你的心灵呢！

人生就像一场没有计划的旅行，你永远不知道下一步会走到哪个路口。遇到磨难、困苦，乃至命运的"捉弄"，那种无力感让人绝望。愤怒无济于事，懂得随遇而安，相信一切都是最好的安排，心情就会快乐一些。如果能够化遗憾为淡然，那么心中的苦痛就会少一些，幸福多一些。

> 请牢记，人生只是一场旅行，无所谓幸与不幸。即便身处困苦之中，也要让自己乐观。遇事做到顺其自然，就能想得开、看得透，把遗憾转化为喜乐。这既是个人成长的智慧，也是调控情绪的哲学。

包容带给你无穷的力量

苏格兰著名历史学家卡莱尔说："一个伟大的人，以他待小人物的方式，来表达他的伟大。"宽容是一种修养，是一种人人都需要的气度。生活中，总会有一些意想不到的情况发生，宽容就是面对各种磨难的时候应有的一种潇洒。

宽容是一种境界，一种风格。它是春风，所到之处鲜花盛开；它是阳光，亲切、明亮、带给人间无数温暖。谁能拒绝阳光呢？对每个人来说，如果在日常生活中不具备包容的胸襟，不但会伤害到他人，也会给自己带来伤害。

青年时代，林肯曾在印第安纳州的鸽溪谷定居。当时他年轻气盛，总是喜欢当面指责别人，甚至还经常写诗去嘲讽对手。他经常把写好的东西扔在别人必经之路上，这种对他人造成的伤害往往令人终身难忘。

1842年，林肯在伊利诺斯州的春天镇挂牌做了律师。此时，他经常在报纸上发表文稿，公开攻击那些与之为敌的人。

这一年的秋天，林肯讥笑一位自大、好斗的爱尔兰政客——希尔兹。在当地的报纸上，林肯刊登出一封匿名信来大肆嘲讽希尔兹，使得全镇的人哄然大笑。希尔兹平日里骄傲敏感，哪里能受得了这样的侮辱。他马上查出是谁写了这封信，当即跳上马找到林肯，并要与他决一死战。

显然，林肯平时不愿打架，更反对这种真刀真枪的决斗，可是为了保全面子还是答应下来。希尔兹让林肯选用一种武器，由于手臂特别长，再加上曾与一位西点军校的毕业生学习过刀战，林肯便选用了马队用的大刀。

在指定日期内，两个人约在密西西比河的河滩上准备决斗。这时，朋友们匆忙赶来，经过一番劝说，才使得两人最终放弃了这场厮杀。

经历了这件事，原本口无遮拦的林肯似乎清醒了许多。他没想到自己的嘲讽竟然招致了这么严重的后果，而这件事也给了他一个极其宝贵的教训。他永远不再写凌辱人的文章了，永远不再讥笑他人了。也是从这个时候起，林肯几乎不再为任何事而批评他人。

宽容是一种美德。能够宽容别人的人，可以和任何人融洽相处，赢得更多朋友和友谊。在一个复杂的社会中，能够做到宽以待人，能有效减少不必要的摩擦和误解，消除隔阂与分歧。

由于各种原因，每个人的修养与利益诉求不一样，所以交往中难免发生矛盾和误会，包容他人的缺点，而非斤斤计较，自然成为最有魅力的人，也给你带来更多收益。更重要的是，如果你想从友谊中获得快乐，更需要有一颗包容的心，容忍他人的缺陷与不足。

> 学会包容和宽恕，你就会得到一种无限的力量。计较的人生没有快乐，也不会有安宁的生活。包容一切，内心才会变得波澜不惊。

> 第十章

情绪优化：有些无奈并不能影响人生的精彩

　　人生是一场修行，期间你经历的各种人和事，无论是爱之深，还是恨之切，都是找寻自我、完善自己的过程。优化情绪，控制心境，才能成就最好的自己。

做一个善于欣赏生活的人

罗兰曾经说道:"美是到处都有的,对于我们的眼睛,不是缺少美,而是缺少发现。"是的,生活中从来不缺少美,缺少的是善于发现美。懂得欣赏生活,你会发现美无处不在。

人们为了生活奋斗,不能忘记欣赏生活、品味生活,感受幸福时光。否则,一个人无论多么成功,得到多少财富,他的心灵都不会快乐,都无法感受到这个世界的美妙之处。

在美国西部的一个小镇上,一位花匠在自己家的花园中种下了许多玫瑰花。转眼到了玫瑰花盛开的季节,花匠很高兴,决定把鲜花分给路人,一起分享这份喜悦。

一天,一位少妇经过花园门口。花匠递上几枝玫瑰花,少妇很乐意接受,但似乎她的丈夫不喜欢花匠的行为。

第二天,一位商人经过花园门口。花匠照例送过去几枝玫瑰花,商人高兴地说:"玫瑰花真漂亮!"同时,把钱递给花匠。花匠不要钱,但是商人不同意,最后把钱硬塞到了花匠手中。

第三天,一个背着书包上学的小男孩经过花园。花匠递过去几枝玫瑰花,小男孩把花放到鼻子旁边闻了一下,笑着说:"真香啊!谢谢!"然后,他高兴地上学去了。

看到这里,花匠高兴极了。他终于找到了一个能够真正与自己分享快乐的人。想到这里,花匠的脸上露出了欣慰的笑容。

是呀,如果我们在平常的生活中能够多一分优雅,懂得去欣赏生活,忘掉工作中的身份、责任,一个空明澄澈的世界就会出现在眼前。

人生在世肯定会面对痛苦和欢乐,但是不管怎样都要欣赏生活带给我们的一切。用简单的方法保持平和的心境,生活中的苦恼就容易摆脱。幸福的人懂得在苦恼中发现希望，在欣赏生活中走向成功，所以他们更快乐。

用欣赏的眼光去看待世间万事万物，你就会发现生活中多了一份美好，少了一份苦恼。欣赏是一种爱，欣赏生活就是爱生活。爱生活中的一切，欣赏生活中的一切，这会带给我们无限的激情。只要懂得欣赏，你就能用欣赏成就美好生活，做人生的赢家。

心理学家詹姆斯说："人性中最本质的东西是被人欣赏，我们都愿意被人赞扬或被人欣赏。试着欣赏生活中的每一个人、每一件事，你就会得到开心的一天。学会欣赏并且坚持下去，自然容易收获亲情、友情、爱情，从而拥有快乐人生。

> 幸福的人用欣赏的心态对待生活，多一些感恩，少一些功利。做一个有品位的人，你会发现生活会带来意想不到的惊喜。

心境的控制是情绪的最高境界

"一个人如果能够控制自己的心境，那他就胜过国王。"在这里，心境涵盖了很多方面，能够做到心境的自控是情绪掌控的最高境界。

心境究竟是什么？它是一种微弱、平静而持久的带有渲染性的情绪状态，能够在很长一段时间内影响人的言行。工作成败、生活条件、健康状况等，会对心境带来不同程度的影响。

虽然基本情绪具有情境性，但心境中的喜悦、悲伤、生气、害怕却要维持一段较长的时间，有时甚至成为人一生的主导心境。虽然有的人一生饱经风霜，却总能以一种积极乐观、豁达的心境去面对生活。这就是心境影响的结果。

受到社会情绪的影响，人们会形成独特的情绪特征。针对这种情况，社会心理学家还曾对现代人的社会情绪作过专门研究，认为这主要是由于受暗示性的影响及公众作用的结果。

马克斯威尔《你的潜能》中提到这样一个故事。催眠师把一名运动员催眠后并告诉他，他的手"打"在桌子上抬不起来。他试图挣扎，手臂上的肌肉一块块地鼓了起来，血管也膨胀起来，但他的手还是原来那样，像被钉在桌子上一样。

一位平时能轻而易举地举起400磅重量的举重冠军，在被催眠后，连桌子上的一支铅笔都举不起来。这就是心境控制带来的深刻影响。

其实，运动员的力量完全和平常一样，催眠师也没有削弱他们的力量。为什么这名运动员的表现会如此糟糕呢？显然，他很想抬起手或举起铅笔，身体肌肉也可以收缩，却无法达成目标。

原因在于，运动员被催眠后输入了一个新信念——你举不起来。当接受了这个信念时，会产生一种相反的力量，抵消那个极力挣扎的力量。说到底，是那个"你举不起来"的限制性信念打败了他，让他无法施展出原有的力量。

你应该明白其中一个道理，催眠的力量事实上就是信念的力量。在上面的故事中，被催眠者之所以会有力不从心的表现，是因为他接受了一些消极的信念，从而影响到自己的行动。

今天，一声声喧哗扰乱着整个城市的宁静，纷繁掀动生活的虚华。你的灵魂是否能够游离精神家园之外？面对这一切，不能任其自堕，坠入深渊，应该举起自制力这把劈开牵绊名缰利索的利器，为自己活出一份宁静，让心灵在澄澈的天空遨游。

年轻人失意是痛苦的，但听任痛苦的心境困扰自己，整日无精打采，陷入苦海，无心工作，岂不是变向的自我伤残？生活了几十年的伴侣忽然离世，如果任由其对伴侣的思念和无尽的伤心，那么晚年生活又如何度过呢？

保持一颗平常心，拥有淡定平和的心态，无论经历什么都会宠辱不惊。只有精神强大，内心才会强大。淡定从容对待人生遭遇，让自己的心境不被轻易干扰，就能获得良好的情绪体验。

> 积极健康的心态像一束阳光，即使在寒冷的冬天，也能让你感受到温暖。保持冷静、淡然的心境，生活中会增添更多平和与幸福感，减少更多误解与遗憾。

主动适应无法避免的事实

荷兰首都阿姆斯特丹有一间十五世纪的教堂废墟，上面写着这样一行字："事情是这样，就不会是别的样子。"既然已经成为现实，那就接受吧，而后再寻找改变的方法。唯有这么做，心中才会少一些抱怨，多一丝快乐。否则，长期的忧虑、过度的焦躁会影响身体健康，摧毁我们原本安逸的生活。

人们总是追求美好的结局，却忘了生活原本就充满了未知数。现实不是童话故事，没有那么多王子拯救公主的剧情，有些烦恼无法躲避，与其后悔、埋怨，还不如像大地承接雨露般欣然接受。面对无法避免的事实，只有主动适应才能减轻痛苦和伤害。

惠特曼写过这样一句诗："哦，要像树和动物一样，去面对黑暗、暴风雨、饥饿、愚弄、意外和挫折。"有些不幸发生了，这既是一种可怕的灾难，也是一次历练的机会。

事实上，生活从来不会停下脚步，不会在乎你是否快乐、幸福。最值得称赞的态度是接受眼前的一切，或许你会发现事情没有想象得那么糟糕。痛苦是可以忍受的，无需抱怨上帝不公平。哪怕现实不留下任何选择的余地，你也可以选择改变自己，从而减少内心的煎熬，活出另一个自我。

俄勒冈州的伊莉莎白·康黎在庆祝美军在北非获胜的那天，得知侄子在战场上失踪了，感到无比悲伤。这个可怜的孩子是自己亲手带大的，在这个胜利的时刻却选择了离去，这不是上天的惩罚又是什么。

以前，他觉得生活充满了美好的事物，自己热爱的工作、懂事的侄子……一切都是最好的安排，但是听到侄子战死的噩耗，他在瞬间就心理崩溃了，于是想辞去手上的工作，回到家乡。

清理桌子的时候，他发现了一封母亲过世时侄子寄来的信。打开信，上面是这样一段文字："当然，我们都会怀念你的母亲，尤其是你。不过，我知道你会支撑过去的，我永远也不会忘记你教会我的那些真理，永远都会记得你教我要微笑，不管发生什么都要坚强地活下去。任何时候，一个男子汉都会承受发生的一切不幸。"

读到这里，伊莉莎白·康黎突然感受到一种力量，自己曾经教导侄子要勇敢，要敢于面对残酷的现实，轮到自己怎么就退缩了呢？于是，他选择接受现实，并且要像侄子希望的那样好好活着。从那以后，他经常会给前方的士兵写信，因为他们也需要关怀；此外，他还积极参加感兴趣的活动，结交新朋友，日子过得有声有色。

许多时候，生活是善待我们的。享受它所赠与的一切，才会开心，变得从容不迫。遭遇挫折打击的时候，不妨微笑着面对，再苦再难也要开心，也要快乐。真正能够左右心情的不是环境，而是面对不同环境所作出的反应，是个人主观方面的判断。

哲学家威廉·詹姆斯曾说："要乐于承认事情就是如此。能够接受发生的事实，就能克服随之而来的任何不幸。"我们永远都改变不了现实，只能承认已经发生的这一切，而这恰恰是避免更多不幸的第一步。

选择逃避现实，会让人意志消沉，无法走出阴影，造成心理上的障碍。既然已经演出了一场悲剧，为什么还要让这种悲伤蔓延，摧毁更多的快乐和幸福呢？

当然，对于无法改变的现实，我们要接受，努力适应；但是，如果事情并没有定局，还有扭转的余地，哪怕只有一丝希望、一丝可能，我们也要奋力一搏，把损失降到最低。有了这种态度，忧虑就无法占领我们的身体。

> 人类能够战胜生活中的失败、挫折、惩罚，得益于强大的承受能力，以及驱散忧虑的智慧，因此接受一切才能改变一切。

自我纠正让你的内心更强大

一个要想成就大事业的人，不能随心所欲、为所欲为、感情用事，而应用理智对待一切，勇于纠正自己的错误。减少错误，修正缺点，就不会因为犯错陷入情绪失落状态，人生也会得到更多圆满。

即使是厉害的狮子，也不会攻击象群或在鳄鱼池里游泳。在每个人的身上或多或少都存在各种缺陷，但是如果懂得规避这些不足，甚至能弥补自己的短板，就会变得更加自信，从而保持良好的情绪状态。

在许多场合，灵活变通可以帮你摆脱尴尬，展示极富个人魅力的一面。这种强大的控场能力不但是高情商的表现，也是一种高超的社交能力。

第二次世界大战期间，英国首相丘吉尔来到美国首都华盛顿，会见当时的总统罗斯福。会谈中，他提出两国合力抗击德国法西斯，并要求美国给予英国一定的物质援助。这一提议得到了美国的积极回应，于是丘吉尔受到了热情接待，被安排住进了白宫府邸。

一天清晨，丘吉尔躺在浴缸中惬意地享受着，手中还点着一根特大号的雪茄烟。忽然，一阵急促的敲门声响起，随后罗斯福破门而入。被惊吓到的丘吉尔立刻站起来，结果来不及找到衣服蔽体，就被美国总统撞见了。两国首脑在这种情景下相见，场面实在尴尬。这时，丘吉尔充分发挥了自己的出色口才。他把烟头一扔，说道："总统先生，我这个英国首相对你可是坦诚相待,一点儿隐瞒都没有啊!"说完,两个人哈哈大笑。

有了这个小插曲,双方的会谈也变得更加愉快,各项协议签署得异常顺利。或许,正是丘吉尔的情绪掌控能力发挥了积极作用吧。那句"一点儿隐瞒都没有",不仅仅是为了调侃打趣,缓解尴尬的局面,更准确表达了坦诚相助、彼此信任的情谊。

强大的纠错与修正能力,是自信、机敏的表现。这种能力的养成不仅与外界环境紧密相连,还与内在的情绪掌控力有关。

当你愤怒或者伤心的时候,可以暂时将眼前的事情放一放,去做自己喜欢的其他事情,等平静下来之后再着手处理。此时,你会变得理性、清醒。这是处理情绪的有效方法,也会在最大程度上提升个人掌控局面的能力。

想要提高自控力,就不要把坏习惯当做敌人,而应看做朋友。只有心平气和地和坏习惯做朋友,你才能控制它们,趋利避害。此外,提高自己的思想素质,人就会变得从容很多,从而善于调节、控制自己的情绪和行为。

在这里,为大家介绍一个"磨练法则",就是每天强迫自己去做一些不愿意做的事情,从而有效提高自控力。马克·吐温说过一句话,阐述了如何做到克己自制:"关键在于每天去做一点自己心里并不愿意做的事情,这样,你便不会为那些真正需要你完成的义务而感到痛苦,这就是养成自觉习惯的黄金定律。"

只要我们每天做一些不情愿干的事情,就会磨炼出色的自控力,等到真正在工作上、学习上遇到什么需要解决的问题时,就能目标明确并专注地去解决。

第三辑

情绪管理

调适心理，别让人生输给了心情

安东尼·罗宾说过："你有什么样的感觉，你就有什么样的生活。"悲观的人，先被自己打败，然后才被生活打败；乐观的人，先战胜自己，然后才战胜生活。这就是情绪的威力。

你无法改变天气，却可以改变心情；你无法控制别人，但可以掌握自己。正确管理自己的情绪，并理解他人的情绪，可以让生活顺风顺水；而错误表达自己的情绪，忽视甚至误解他人的情绪，则可能招致不必要的麻烦。

第十一章

抱怨情绪：聪明人都在努力，你却抱怨不公平

每天，你都会被各种烦恼打扰，禁不住抱怨一番。随后，陷入失落状态。与其抱怨不如努力，以宽广的胸襟包容一切，所有不满和不公都会离你而去，好运也会悄然降临。

小心，抱怨会吸引不幸

大多数人产生抱怨情绪，最开始的时候只是因为担心某件事情会发生，从而怨愤或嗔怪他人。用抱怨提醒或者警告对方，似乎令人担忧的事情就不会发生了。但是，实际情况与之相反，抱怨非但不能消除忧虑，反而会使本来不会发生的事变成现实。

抱怨，其实就是在和别人诉说你内心的危机感。伴随着这种倾诉，危机感没有消失，反而会不断加强。起初，你并不相信事情会发生，只是防患于未然，但是随着抱怨次数的增加，你开始相信事情可能会发生，甚至觉得事情马上就会发生。

作为一种负面情绪，抱怨会吸引不幸，你还有什么理由不快速远离它呢？

苏菲随身带着精心准备的作品，到一家知名广告公司应聘。前面有许多面试人员等候，苏菲向工作人员要了一杯热水，缓解一下紧张的心情。

工作人员把水递过来，不小心打翻了杯子，滚烫的水全部撒到了那张作品上。所幸苏菲并没有被烫着，但那张作品就没这么幸运了，立刻变得皱巴巴的，上面的文字和线条都模糊不清了。

顿时，苏菲火冒三丈，立刻埋怨工作人员太不小心了，这会影响后面的面试啊！原本紧张的心情更糟了，苏菲开始坐立不安，抱怨自己运气不好。她开始想象面试人员看到自己的作品，会是什么表情，该如何解释。这么想着，她心里越来越没底。

轮到苏菲了面试，她深吸一口气，走进房间，因为紧张显得有些慌乱。果然，看到苏菲的作品时，面试人员一脸惊诧。接着，她开始辩解，情急之下抱怨自己多么不走运。

没有一家公司喜欢抱怨的员工，面试人员心里很快有了答案。结果，苏菲没能通过初试，直接被淘汰了。

其实，苏菲完全可以平和地解释，而不必抱怨。因为太在乎别人对自己的看法，所以极力解释，最后反而陷入被动局面。苏菲错误地选择了抱怨的方式，结果这种不良情绪暴露了个人缺陷，导致初试失败。

抱怨遇人不淑，抱怨社会不公，内心充满了敌意与怨恨，就不再努力改变窘境，不去弥合分歧，于是你离快乐越来越远，离不幸越来越近。最终，抱怨把担心的事情变成了现实，苦果只能自己去尝。

习惯抱怨的人，无法赢得幸运之神的垂青。那么，如何避免抱怨情绪的侵袭呢？心理学家发现，想要养成或改变一个习惯，需要21天的坚持和努力。尝试着21天不抱怨，就能逐步学会积极面对一切。

第一，学会换位思考。抱怨是一种传染性极强的情绪，它可以让周围的人都陷入其中。为此，遇到令人厌烦的事要及时换位思考，努力给大脑积极的暗示，主动调节不良情绪。

第二，学会转移不良情绪。在无法通过换位思考消除负面情绪的时候，就要试试用别的方法转移，比如听音乐或者跑步，让大脑放松下来。

第三，学会感恩。一个人习惯抱怨之后，短时间内很难改变这种思维定势。不妨每天晚上睡前找出一件当天值得感恩的事情，最好是一些具体的小事，几天之后你会发现世界并不是那么讨厌。

抱怨，就是在吸引不幸。面对眼前美好的人和事，要懂得欣赏，并感谢自己拥有的一切。善待人生，不去抱怨，自然容易成为一个幸运儿。

心怀不满的人什么都做不好

在我们身边，到处都有抱怨生活的人。他们对很多事情心怀不满，用牢骚表达自己的态度，在宣泄不良情绪中变得更加失落。

因为心怀不满而抱怨，会让一个人丧失理性分析和判断，最终误入歧途。那种无休止的牢骚、呵斥令人厌恶，会打扰一切美好的事物。而一个人失去了平和的心境，就无法安放自己的心灵，做任何事情都不得要领，到头来什么也干不好。

读大学的时候，杰克在学校中就是风云人物，一时间出尽了风头。毕业后不久，他就找到了工作。等到正式上班的时候，依然保持着学生时代那份高傲的心气。

一开始，杰克在工作中处理各种杂事，有点儿像秘书，同事都称其为"助理"。这个词让他感到很难受，更令人无法接受的是，一些普通员工也指挥他打杂。结果，强烈的失落感让杰克彻底丧失了工作激情，也对职业产生了怀疑。

尽管心有不满，但是杰克提醒自己，要谦虚谨慎，认真对待工作。然而时间一长，他仍旧会有些情绪失控，常常被同事的话语激怒，甚至与对方争吵起来。

有一次，秘书请假了，杰克被指派到经理办公室整理文件。过了一会，经理让杰克帮忙煮一杯咖啡。显然，这种打杂的事情无法让人感到兴奋。经理瞬间看出了杰克心中不满，和蔼地说："是不是感觉打杂没意思？我相信你很有才华，但是年轻人必须从头做起，踏实走好每一步。"

接着，经理示意杰克坐到椅子上，两个人开始聊天。"年轻人，这个世界上不只你一个人心情不好，每个人都有发脾气的时候。"随后，经理把桌子上的一盆沙子推到杰克面前，然后伸手抓了一把沙子。接着，他握紧拳头，沙子从指缝间滑落，寂静无声。

最后，经理深有感触地说："心怀不满的人，找不到一把合适的椅子。当你情绪低落的时候，要学会放手。无法抓住的东西就像这些沙子，终究会离你而去。"

原来，经理办公桌上的沙子是用来消解不良情绪的。他非常清楚，一个人只有先学会管理自己的情绪，才会管理好其他东西。一个人总是抱怨、牢骚满腹，显然无法处理好当下的事务。

心怀不满的时候，如何远离抱怨呢？怎样调整心态，积极接纳身边的人和事呢？对每个人来说，与生活和解确实是一种智慧。

第一，让自己安静下来，整理思绪。妥善处理好各种事情，必须让心静下来，别让负面情绪干扰理性判断。总是抱怨生活不公，总是诉说工作无聊，会失去自省的机会，无助于改进工作方法。冷静之后整理思绪，才能发现问题的症结，找到改进之法。

第二，调整心态，看问题就会不一样。心境变了，人们看问题的角度、视野都会随之发生改变。一个人少了自省心，就会抱怨这个世界。调整一下心态，你会得到惊喜的发现，从而与周围的一切和解。

> 世上不存在永远的公平，面对不如意的人和事，学会坦然接受才是正确的选择。既然无法改变这个世界，那就主动调整自己去适应。当你做好自己应该做的事情，好运就会降临。

别让抱怨耗尽人生的美好

作为一种糟糕的情绪状态，抱怨会让人对眼前的境况简单、粗暴地直接定性，从而丧失正确的观察、理解和判断。一旦进入封闭、沉寂的状态，心灵从此就会慢慢失去灵性，人也会变得愚钝。

美好的童年令人难忘，但是长大后原有的恬淡、乐趣、善意会慢慢丧失。这不能不说是一种莫大的遗憾。困难来了，遭遇挫折，无法拥抱梦想，这都让人产生各种不良情绪。于是，人们习惯抱怨，结果内心仅存的美好一点点消耗掉了，整个人变得面目可憎。

从恋爱开始，玛丽就对婚姻充满了期待。她很爱强尼，梦想着两个人幸福地走完这一生。然而，婚后生活并没有想象中那么美好，反而荤送了玛丽的爱情。

两个人步入婚姻的殿堂，玛丽不像恋爱中那么拘束了，她开始不停地"为难"强尼。小到生活中琐事，大到搬家装修，玛丽都只考虑自己的感受，完全不顾丈夫的意愿。并且，强尼稍微表达一下自己的意见，她都会不停地唠叨。

一开始，玛丽认为这样做没有什么不妥，她喜欢掌控一切。渐渐地，她形成了遇事抱怨的习惯，竟然无法控制自己的情绪。而丈夫也从开始的包容变得失去耐心，两个人开始发生争吵。

夫妻吵架很正常，也许能增进感情。玛丽甚至这样给自己找借口，但是事态很快超出了她的想象。强尼变得桀骜不驯，一刻也不能容忍妻子的骄横。不久，他们离婚了。

这些年，强尼一直护着玛丽，不让她有任何为难。而她，却一再为难他，令他不惜放低身姿说好话，失去了自我。随后，争吵代替了一切，也将本该甜蜜的婚后生活搞得一团糟。当烦恼替代了美好，一切都无法继续下去了。

生活种存在着种种美好，需要用心去认识、欣赏和经营。如果失去了耐心、认真，遇事情绪失控，抱怨各种不如意的地方，那么人生就没有丝毫乐趣了。

"永不抱怨"是一种心态，也是保持良好情绪的基本前提。面对不如意的人和事还能沉稳应对，这是一种境界。尤其是在追求幸福人生的道路上，去发现、获取种种美好最重要。

不幸的人生并非源于外界的险境，而是来自内心美好情感的丧失。抱怨，无疑是幕后黑手。拒绝和解，拒绝欣赏，拒绝沟通，这样的心境怎能与这个美好的世界相配呢？

上帝给了你健康的身体、聪慧的大脑、宝贵的时间，就要珍惜眼前的一切。发现生活中的美好、人性中的善良，自然会拥抱充盈的人生。而选择抱怨的人，注定辜负这个美好的时代，空留许多遗憾。

> 抱怨是一种消极的情绪状态，如果不能及时改进和调整，会引发一系列不良后果。不抱怨的人，既是命运的主人，也是幸福的猎手。

永远不要等别人来成全你

一项针对企业员工的问卷调查显示，70%的人不满意自己的工作，超过一半的人对未来的前途感到迷茫。

这似乎可以解释，为什么许多员工把抱怨挂在嘴边。还有一些人敢怒而不敢言，把不满憋在心里，或者消极怠工。殊不知，这种工作情绪会成为职业发展道路上巨大的绊脚石。

如果你因为工作不满而抱怨，那恰恰表明你该努力充实自己了。努力发现个人工作中的短板，并为此积极改进，通过学习提升能力，日后自然容易脱颖而出。

戈林出生在美国一个贫穷的乡村，没有受过多少教育。为了生存，他在15岁的时候就到一个建筑工地干活。进入工地的第一天，戈林就下定决心，成为整个工地上最优秀的人。

当其他工人整天抱怨工作辛苦、环境差、薪水低的时候，戈林并没有参与其中，而是独自一人在角落里自学建筑知识。每天晚上，工人们坐在一起聊天，戈林就在旁边读书。他利用一切空余时间充实自己，等待着机会的到来。

有一天，经理到工地检查工作，恰巧看到戈林正在看书。他走过来，翻了翻这个年轻人手中的书，然后离开了。第二天，经理让戈林来到办公室，问道："年轻人，为什么那么努力读书呢？"

"很简单，公司并不缺少干活的人，而既有工作经验又有专业知识的技术人员和管理人员，却很稀缺。我要成为那样的人，被委以重任。"

戈林认真地回答。

经理认真看着眼前这个年轻人，微笑着点头表示认同。随后，戈林升职为技师。那些平时只会凑在一起聊天的工人并不以为然，甚至对戈林的升职十分不屑。当然，也有人抱怨自己不走运，失去了这个升职机会。

此后，戈林丝毫没有放松学习，反而比以往更加努力。他很清楚，自己并不是只是为别人劳动，也在为自己的梦想打拼；只有自己的价值远远超过所得的薪水时，才会得到重用，才能把握机遇。

多年后，戈林凭借不懈努力和坚定信念，成为公司总经理，在业内享有很大声望。这一切，都是他努力成全自己的结果。

有的人还在为眼前的利益斤斤计较，戈林已经有了长远的计划。当别人抱怨没有机会的时候，他在默默付出、努力，最终梦想成真。不去抱怨，而是采取行动，这是许多人获得成功的理念，也是给予后来者的启示。

在上面的故事中，戈林身上有两点需要学习和借鉴：第一，境遇再悲惨也不能随波逐流，必须有明确的奋斗目标，并为此努力；第二，在向目标奋进的过程中，不要被周围的环境干扰，坚定信心才能赢得最后的胜利。

人生就是一个奋斗的过程，别指望他人成全你的梦想，更不能抱怨境遇的不公。有的人不缺少漂亮的职业规划，但是一旦遇到困难、挫折就轻易放弃，再也坚持不住原来的方向。如果外面的诱惑多一些，他们更会把雄心壮志的规划抛诸脑后，令其成为一纸空文。

你的努力和付出，终将成就无可替代的自己。任何时候，不要等别人来成全你，更别抱怨眼前的种种不如意。管好自己的情绪，用积极的心态面对挑战，命运才会悄然改变，成功才会悄然降临。

> 心生抱怨的人，会陷入情绪低落状态，其意志、行为都会弱化。面对生活中的各种不如意状况，尝试着调整情绪，让自己进入积极乐观的状态，幸运就会突然降临。

第十二章

愤怒情绪：生气是拿别人的错误惩罚自己

不善于控制愤怒情绪的人，遇到小小的刺激就歇斯底里，显然无法掌控局面。有本事的人没脾气，是因为他们懂得控制情绪，内心拥有平和的力量。

赶走心里那只愤怒的小鸟

发现事情与自己的期望不相符,人就会产生愤怒这种负面情绪,用来表达内心的不满。表面看来,愤怒令人畏惧,实际上却暴露了当事人无助的一面。

人在愤怒时会失去理智,伤害周围的朋友和家人,所以它是一种非常恶劣的负面情绪。通常,人们在愤怒的支配下不再顾忌他人的感受和想法,会做出一些过激的行为。由此,家庭不再和睦,朋友不再亲近,发怒的人也会身体健康受损。

既然愤怒的危害如此巨大,为什么不去尝试着控制和引导它呢?

小时候,艾伦性格乖戾,经常无缘无故地发脾气。有时候,他会把所有能看到的东西摔得粉碎,才能平息心头的怒火。对此,父亲没有强硬地训诫,而是送给他一大包钉子——每次生气时在后院的栅栏上钉一颗钉子。

艾伦照做了,直到连续钉下 12 颗钉子之后,他才慢慢学会控制愤怒情绪。随后,栅栏上新出现的钉子越来越少。艾伦发现,控制自己的情绪比在高高的栅栏上钉钉子容易多了。直到有一天,栅栏上再也没有出现新的钉子。

父亲带着艾伦来到栅栏边,把钉子一颗一颗地取下来:"孩子,你不再乱发脾气了,这样很好。你看,栅栏上的钉子留下了很多小孔,它们会一直存在下去,就像你发脾气时说的气话,像钉子一样扎进别人的心里。虽然后来你道歉,但是这些伤痕仍然无法抹平,长久都不能愈合。"

很多人可以从艾伦的身上找到自己的影子。显然,口头的伤害并不比肉体的伤害低,恶语相向等于在别人心口插了一刀,一时的愤怒会给他人带来无法抹去的伤害,也给彼此的关系造成不可弥补的遗憾。

当你怒火升起来,快要无法自控的时候,一定尝试着转换心境,别因为情绪失控吃大亏。不照顾他人的感受,自然也无法得到他人的关照。对每个人来说,学会控制愤怒情绪永远是一门必修课。

第一,尽量把发怒的时间向后推迟。如果你发现自己经常在一些特定的场合下发怒,那么下次遇到相似场合的时候先提醒自己多忍一会儿。如果这次忍耐了十秒钟,那么下一次想要发怒的时候忍耐二十秒,久而久之你就能控制愤怒情绪,甚至不会因为外界干扰而大动肝火。

第二,把发怒的缘由记下来。在笔记本上记录每次发怒的原因、时间、地点,并且认真地记录每一次发怒的细节。坚持一段时间之后,就会发现如果经常发怒,记录这些事情就变得非常麻烦,从而主动减少发怒的次数。

如果你想提高情商、管理好情绪,那就不要让怒火上身。损害他人的物质利益,或许还可以弥补;因为发怒伤害别人的自尊和感情,那无异于自绝后路。关键时刻赶走心里那只愤怒的小鸟,你就是识大体、顾大局、成大事的人。

> 发怒之前想一想会有什么后果,懂得掌控自己的情绪,是智者所为。理智的约束愤怒并不是压迫愤怒,而是一种有效的情绪引导,目的是让自己重回积极的情绪状态。

避免与人发生无谓的冲突

当愤怒的情绪产生之后,如果你不知道如何去处理它,自然会倾泻到周围的人身上,给他人带来痛苦。因愤怒而失控的后果是,既伤害到他人,也让自己陷入被动。

如果无法完全杜绝发怒,那么起码要尝试着减少发火的频率,坚决不能放纵自己。不与他人发生无谓的冲突，能从根源上减少发怒的次数。

有一次，美国总统杜鲁门会见麦克阿瑟，后者是一位十分傲慢的将军。交谈过程中，麦克阿瑟拿出烟斗，装上烟丝，然后叼起烟斗，取出火柴。

划燃火柴之前，麦克阿瑟停顿了一下，转过头看着杜鲁门，问道："我喜欢抽烟，你不会介意吧？"很明显，这不是真心征求意见。明明已经做好了抽烟的准备，却征询对方的意见，自然令人恼火。

这时候，杜鲁门如果说"介意"，就会显得粗鲁和霸道。尽管被麦克阿瑟缺乏礼貌的傲慢言行弄得有些恼火，但是杜鲁门还是一忍再忍，避免与对方发生无谓的冲突。

最后，杜鲁门狠狠地盯着麦克阿瑟，略带自嘲地说："抽吧，将军，今天你喷到我脸上的烟雾，要比喷在任何一个美国人脸上的烟雾都多。"

身为领导者，必须有足够的涵养与情绪掌控能力。杜鲁门虽然不满麦克阿瑟当众吸烟的举动，但是为了减少分歧和矛盾，他选择了忍让，控制了怒火，以自嘲的方式维护了交谈的场面。

不能控制愤怒的人，处处与人发生矛盾，注定会把局面搞砸，无助于维持友善的关系。虽然内心不满，但是为了减少因发怒而愈发不可收拾的糟糕局面，你必须练习避免与人发生冲突的情绪掌控力。

当你和别人产生争执的时候，怎样才能控制自己的情绪，避免情况继续恶化下去呢？

第一，纠正认识上的误区。一些不理性的思维会影响人的判断和分析，令人头脑中的映像变得模糊，从而对别人发怒。最常见的误区是主观意识强烈，习惯用自己的尺子衡量其他人的行为。发生了一件小事，自以为是地认定一个原因，而不考虑实际情况，并为此大动肝火，这是许多人情绪失控的常见表现。

第二，学会倾听对方的心声。倾听不只是听对方说话，还要从肢体动作等细节入手，理解对方的真实意图。比如，看着对方的眼睛，留意点头、摇头等动作，有助于掌握正确的信息，减少误解和分歧。比如，对迟到的人别急于指责，无谓地争吵毫无意义，只会把事情搞砸。给对方一个解释的机会，或许结果就会完全不同。

第三，温婉地提出批评。如果习惯说"你就这样了"、"没救了"之类的话，没有人会和颜悦色地对待你。即使提出批评，也要给对方一些建设性的意见，令其感受到你的诚意与友善，这样自然能消除对方的敌意。

> 用理解的眼光看待别人，掌握每个人的个性心理特征，提升自己的共情能力，自然容易减少矛盾和误解。

走自己的路，让别人去说吧

"走自己的路，让别人去说吧!"人们对但丁这句名言耳熟能详，但是能够真正做到的人却少之又少。人生旅途中，难免遭到别人的非议和责难，与其愤怒还击不如平静处之，包容那些令人不舒服的人和事。

其实，流言蜚语就像影子和云彩一样，只要太阳在头顶照耀，它们就会萎缩在我们脚下，或者随风飘散。不因为别人的言语而愤怒，是一个人成熟的重要标志。

当一个人生下来就先天不足，或者有某种缺陷的时候，很容易受到别人的讥讽，从而产生强烈的愤怒情绪。然而，这除了让自己难受之外，没有任何益处，也不会让说话的人有所收敛。勇敢面对外界的刺和质疑，不把它们放在心上，自然多一分洒脱。

年轻的时候，詹姆斯相貌丑陋、身材消瘦，并为此感到苦恼。当时，有人甚至给他取了一个"马脸"的外号。

那时候，这个年轻人一天 24 小时都在为自己的相貌和身材苦恼，根本不会在其他事情上多花心思。

母亲非常清楚儿子的遭遇和感受，于是安慰道："孩子，你既然先天就这样，那么就不必怨天尤人。勤奋学习，靠后天的努力改变自己的命运吧！"

从此以后，詹姆斯按照母亲的教导，通过努力学习改造自我，逐渐弥补了先天不足，日益受到他人的敬重。后来，他任职美国国会参议院，开创了卓越人生。

詹姆斯回忆说："如果我当时不采取任何行动，任凭那些讽刺和愤怒占据我的心灵，恐怕一辈子都无法有所成就了。"

外界对你作出评价，有些是中肯的，有些是错误的。许多时候，不必按照别人的想法去做，也不必在乎别人说了什么。坚守内心的想法，倾听心灵的呼唤，而后去行动，人生大致的方向不会出差错。

面对他人的质疑和讽刺，愤怒会让你失去理智，也会受制于人。真正的智者不因为他人的某句话大动干戈，而是时刻真正按照内心的意愿行动。

事实上，在外人面前发怒，甚至大吵大闹，会给人留下急躁、冲动的不良印象。这进一步印证了他们对你固有的看法，反而会让你在此后的日子中遭受更多言语的攻击。

不要相信那些贬低你、讽刺你的人，别把他们的话放在心上。一个人有自己的主见，勇敢向那些质疑声发出挑战，永远比生气更能证明你的魄力与能力。

无论做什么事，都要相信自己！因为他人的一句话而改变主意，或者受到侵扰，只能说明你是一个脆弱的人，内心经受不起一点风吹草动。如果你想让自己成为一个内心强大的人，那就试着掌控愤怒情绪吧！

> 愤怒是一种无助和无力感，你因为他人的质疑、讽刺而生气，恰恰说明你很软弱，没有力量。让自己变得更强大，首先从制怒开始，不去为小事抓狂。

脾气来了，福气就没了

生活中难免遇到一些不如意的事，这太正常了。比如，开心地抱着玫瑰花约会，结果因为堵车晚点了；穿着新买的鞋乘坐公交车，结果被人踩了一脚，等等。这些小事通常会让人无奈，进而不由自主地感到愤怒。

然而，生气不能帮你解决任何问题，反而会因这种不良情绪阻碍与他人的沟通，甚至诱发高血压等疾病。

也许有人说，这是危言耸听，愤怒不过是一种正常的情绪反应。还有人认为，将怒火发泄出来好过一个人独自生闷气。在事与愿违的情况下，愤怒不仅影响身心平和，还会破坏你的运气。

如何处理愤怒这种不良情绪？最有效的方法就是战胜它，用理解和幽默的方式实现心理平衡。遇事冷静理智，不轻易动怒的人大多是命运的掌控者。因为，他们时刻掌控着情绪，按正确的节奏做事。

周末正在家里休息，忽然被邻居聒噪的音响吵醒。想一想，你是怎么应对的呢？许多人直接敲开邻居的门，厉声训斥对方，一番争论之后双方形同陌路，从此老死不相往来。这种做法显然算不上高明，下面一起看看科恩是怎么做的吧！

科恩的邻居是一位音乐爱好者，每天下班回家，都要播放各种乐曲，并调到最大音量，直到午夜才肯罢休。这严重影响了科恩的生活。

这一天，科恩敲开了邻居的门，微笑着说："请您把录音机借给我一个晚上好吗？"

邻居听了非常开心，说道："太棒了，你喜欢哪种乐曲？"

科恩微笑着摇摇头："不，我只想安安静静地睡一晚。"

邻居听完立刻明白了科恩的用意，然后表示今后一定多加注意。

面对吵闹的邻居，科恩既不吵闹，也没选择忍受，而是理智、风趣地向对方表明立场。一句简单幽默的话，瞬间让邻居明白了事情的原委，甚至为此内疚，这可比你冲动地到对方家里大吵大闹更有效。

遇到棘手的问题，或者不方便直接说出内心的想法，不必立即歇斯底里，愤怒会让你冲昏了头脑，把事情搞砸。借用幽默等沟通技巧，你能轻松化解眼前复杂的矛盾。

愤怒会让人失去理性思考的能力，作出错误决定，导致局面失控。一个人脾气太大，经常变得怒不可遏，显然无法建立融洽的人际关系，自然不会得到他人的帮助，那么福气也就悄然溜走了。

当一个人进入陌生的环境，尤其需要谦卑为人处事，不可因为生气变得情绪化。而在与人相处的时候，时刻懂得控制自己的情绪，不因某些小事动怒，自然容易收获好人缘，得到外界更多理解和帮助。

在我们身边，许多人郁郁不得志，说到底是脾气太差的缘故。他们不善于掌控情绪，经常为小事抓狂，所以生活毫无条理，工作也没有起色。因为在情绪自控方面存在缺陷，所以他们做人做事都不得章法，这样的人自然无法得到机遇的垂青。

> 在即将动怒前，及时地转移自己的注意力，找一件轻松而有意义的事做一做、想一想，可以逐渐让脾气变小，从而能够与人和睦相处。

> 第十三章

焦虑情绪：不是世界太喧闹，是你内心太浮躁

生活的压力让人对现实和未来充满了不满、恐惧，并由此变得焦虑。除了客观存在的因素，焦虑情绪主要与内心有关。心静了，世界就静了，焦虑自然烟消云散。

放不下是一切烦恼的根源

人们对得不到的东西过分追求和渴望，并为此苦苦坚持，自然会心生烦恼，变得焦虑不堪。从根本上说，烦恼和焦虑是自我施压的结果。

放弃那些不切实际的想法，过好当下的日子，学会面对现实，就能减少大部分焦虑。有的人为了某个目标奋斗一生、拼搏一生，但是当他得到自己想要的一切，却发现不过如此，而生命已经因为早年的奋斗消耗一空，失去了太多其他美好的东西。

在平常的日子里，一个人须懂得自问，明白自己真正需要的是什么，哪些是可以放弃的。能够舍弃某些不必要的东西，减轻心头的贪念，就能消除内心的焦灼感，让身心变轻松。

有一个小男孩把手插进一个上窄下宽的花瓶中，结果拔不出来了。看着孩子痛苦的表情，妈妈用尽了各种方法，试图把卡住的手拿出来，但是没有成功。稍微一用力，孩子就会疼得哇哇大哭。

看来只有把花瓶打碎，才能帮助孩子脱困。这个花瓶是一件收藏很久、价值连城的古董，如果打碎了确实可惜。不过为了救孩子，妈妈顾不上这些了。

花瓶打碎了，孩子的手平安无事了。妈妈让孩子把手伸出来，看看有没有受伤。奇怪的是，男孩始终紧握着拳头，好像无法张开。难道是被困得太久了，手抽筋了？妈妈再次变得惊慌失措。

男孩的手终于张开了，里面是一枚硬币。原来，男孩为了拿花瓶中的硬币，才卡住了手；而他始终无法从花瓶中拔出手来，是因为拿着硬币不肯放手。

故事虽然很简单，却耐人寻味。在我们身边，许多人像这个孩子一样，放不下到手的职位、待遇，整天四处奔走，最后荒废了事业。有的人放不金钱的诱惑，费尽心思一夜暴富，却常常作茧自缚。内心的焦灼、惶恐、烦恼，都与"放不下"有莫大关系。

人生有很多美好的事情，也有很多美丽的风景，不要为了虚名放弃这些实实在在的东西。否则，焦虑、忧愁总会伴随左右，让人生徒增烦恼。人生就像一艘远行的船，总是在不停地装货、卸货，船上不能有太多的负重，否则船就会在途中沉没。那些不属于自己的东西，该放下时就放下，不要被其拖累。

对每个人来说，学会放下是一种了不起的能力，也是获得幸福人生必须具备的智慧。在关键时刻能够拿得起、放得下，善于忘记那些不愉快的事情，你就离幸福不远了。

> 放下那些没用的东西，你才能专注于自己真正热爱的人和事，远离焦虑的状态。在学会放下之后，烦恼和焦虑自然会消失，取而代之的是难得的轻松与惬意。

别给自己太大的压力

有时候，压力是一种动力。但凡事不可过度，过大的压力会影响人的身心健康，还会给生活、事业、学习产生消极影响。懂得控制焦虑情绪，避免因为压力过大而影响正常的生活，坦然与自在才能常伴左右。

很多人都有这样的体会，陷入烦恼或者不开心的时候，找朋友倾诉一下，心情就会好很多。其实，这是一种释放压力的过程。首先，与人交谈本身就是发泄不良情绪的过程，因为把想法憋在心里，往往非常难受。其次，说出内心的真实想法，别人会给你提出建议，从而得到启发和借鉴，有助于脱离眼前的困境。

因此，有了压力不要憋在心里，须寻求解决之道，学会放下肩头的重担。不论你是平民还是高阶层人士，这个方法都有效。

很久以前，有一个年轻的国王，经常忧心忡忡。有一天，他做了一个非常奇怪的梦，梦见自己的牙齿全掉光了。国王醒来之后很焦虑，认为那个梦预示着一些不好的事情，于是吃不好饭，也无心处理政务了。

王后看着国王的样子十分心疼，于是找来一个释梦者。起初，国王并不想说出梦的内容，但是禁不住王后的哀求，才向这个释梦者描述自己的梦境。释梦者听完国王的诉说，开心说道："陛下，这个梦是一个好兆头啊！您的牙齿一个个掉光，这表示您将比家里的所有人活得都长。"

国王听完之后非常高兴，心情也不再郁闷了。随后，国王赏了释梦者一大笔钱，重新过上了安定平和的生活。

人生充满了各种想象与可能，每天都会有很多不确定、无声的念头在脑海中盘旋。当心头的欲念无法达成，或者与期望相差太远，往往心生失落，乃至变得焦躁、不安。如果某些不切实际的想法无法抚平，难免生出一些莫名的压力，让情绪变得更糟。

把内心的压力释放出来，就是清理的过程。心理学家建议，你如果短时间内无法找到合适的人倾诉，就找一面镜子，对着镜子里的自己说话。通过这种自我对话的方式，可以及时清理脑海中不合理、不合逻辑的思绪，让内心变得轻松自在。

当你把一件小事看得很重要的时候，可以对自己说："这件事既不复杂也不重要，不用天天想着。"对某件事情充满疑虑的时候，你可以说："情况还没搞清楚，不必着急，等问清了原委再说吧！"

千万不要以为这些自言自语的话没用，只要你把内心的想法倾泻出来，就能及时剔除各种负面思想，在释放焦虑情绪的同时增加自信。一个人心情舒畅了，自然会对未来充满希望。

研究表明，言语对身心有很大的安抚作用。从这个角度来看，把压力说出来是一个值得赞同和鼓励的好习惯。就像脸上时常保持笑容，心情就不会太坏一样。

> 感觉眼前的事情千头万绪，并由此变得十分焦虑，不如找一个知心的朋友或者有经验的长辈，亦或者是专业的辅导人员，说出自己内心的恐惧和焦虑。把内心的真实想法说出来，再听听别人的意见，自然容易看清问题的症结所在，找到解决方法，让人生豁然开朗。

留不住的东西就尽力扔远点

许多人内心的焦虑，来自于美好理想与残酷现实之间的冲突。当下，每个人都在为各自的人生理想奋斗——为事业，惨淡经营；为金钱，疲于奔命；为孩子，劳碌奔波；为家庭，日夜兼程。得到的与得不到的，每天处心积虑；得到的多与得到的少，整日忧心忡忡。

一个人明确自己的努力方向非常重要，清楚自己和目标的距离也同样重要，在制定行动计划的时候，必须从现实着手坚持可行性原则，更能按部就班梦想成真，也给内心减少不必要的压力。

有些人喜欢制定一些高远的目标，但这并不具备可行性，也无法通过当下的努力实现。显然，做任何事情都要从眼前着手，处理好当下的问题。而对于生活中的某些东西，则不必过分计较。有些东西甚至不必放在心上，一些留不住的东西可以选择放下。

有一个人叫亚瑟，从小就想学一项特殊的本领，对普通人谋生手艺不屑一顾。长大之后，他带着全部财产外出，寻找传说中的屠龙者，学习屠龙的本领。历经千辛万苦，亚瑟终于找到了那个人，把剩下的钱财都给了对方，换取三年的学习。

三年后，亚瑟回到家乡。人们询问期间学到了什么，他一脸兴奋地向所有人演示屠龙的技术：怎样按住龙头，怎样固定住龙尾，怎样从龙脊上开刀，等等。亚瑟正在高兴演示的时候，大家笑着问："你有了屠龙的本领，从哪里才能找到龙呢？"

亚瑟听了之后愣在原地，稍后恍然大悟。这世界上根本就没有龙，他的本领算是白学了。

有些东西在生活中没有价值，不妨把它们扔掉，专注于有意义的事情。这样一来，内心才会安定，没有焦虑。像亚瑟一样，不知道梳理自己的想法，不会脚踏实地活着，内心怎么会有片刻安宁呢？

人的一生时光最宝贵，但是很多人并不能体会到这一点，往往需要经历很多波折后才能有深刻的领悟。这不能不说是一种遗憾。学会选择，懂得放弃，是一种人生智慧。丢掉那些不切实际的幻想，以及留不住的东西，努力之后才会有更多收获。

有的人太在乎某些失去的东西，并为此耿耿于怀。既然已经不在了，就干脆放下心结，坦然面对明天。为了不存在的东西焦虑，其实是在作茧自缚。豁达的人能够看开一切，善于调整心绪面对眼前不如意的人和事，所以他们的心里永远是春天。

> 面对那些留不住、得不到的东西，不如远远地抛开，选择不再留恋。这是获得内心安宁，让生活轻松自在的有效方法。

寻找你的社会支持

每个人都处在特定的社会环境中，与各种各样的人交往，形成特定的关系网络——亲人、朋友、同学、同事、合作伙伴，等等。这些人是我们物质或精神上的助手，并在关键时刻扮演着社会支持的角色。

许多事情注定无法一个人解决，如果无法获得外界支持，会显得力不从心，劳心劳神。当你陷入焦虑情绪的时候，不妨向周围的人寻求帮助，这样肩上的重担自然会减轻许多。

家人和朋友永远是我们的坚强后盾，除了一起分享快乐，他们也能帮忙分担痛苦。有了精神交流的对象，遇到麻烦的时候自然可以有倾诉的窗口，也能从中得到中肯的建议。请牢记，你不是一个人孤独地活在世上，外界的社会支持能帮你摆脱内心的焦虑情绪。

杰克从小在美国的一个村庄长大，后来为了寻找更好的工作，与朋友们来到了大城市。多年来，做一名工厂保健医生是杰克的梦想，为此他决心找到适合自己的发展平台。

令人沮丧的是，杰克花光了随身携带的钱也没有达成愿望，最后只好到一家工厂做保安，暂时维持生计。微薄的薪水不足以让杰克应付大城市生活的开销，他一度陷入紧张的拮据生活中，并为此变得郁郁寡欢。后来，他不得不求助朋友介绍的心理医生。

心理医生问："你现在打算做什么？"

杰克说："我想考临床助理医生资格证书，因为一旦有了证书，今后的生活就会改善，日子也会安定很多。我很清楚，为此要多读书，但是始终无法专心学习，甚至一看书就会走神。"

心理医生问："注意力不集中，你主要想什么事情？"

杰克说："我畅想考试过关后如何开始新的生活，更担心考试不过关，如何面对未来的生活。如果考试失败，我不敢告诉父母，觉得愧对他们。也不愿意和同学联系，让大家耻笑。"

……

聊天结束的时候，杰克虽然没有从医生那里得到具体化的建议，但是他明显感觉心里舒畅多了。这是他最近说话最多的一天，平时身边没有人陪着轻松聊天。

心理医生发现，杰克在认知上过于绝对化、片面化，经常对自己进行否定，把不利的一面放大。由于不擅长寻求社会支持，杰克经常会因为一点点失误而陷入焦虑。

很多人都有过杰克的经历，缺乏社会支持和帮助，也没有人可以提供合适的意见和建议。结果，他们做事的决心往往不够坚定，并为此劳心伤神。如果他们和家人住在一起，或者经常与朋友沟通，那么就会有一个社会支持系统存在，避免陷入空虚和无助中。

人生最大的目标就是获得精神上的满足和自我价值实现，简而言之就是获取幸福。很多人拼尽全力去追求成功，获得高人一等的优越感，一番付出之后却未必得偿所愿，于是焦虑、忧心就不请自来了。

有智慧的人懂得借助外力，去解决各种麻烦，化解眼前的难题。一旦走出困境，内心的焦虑就消失了。因此，遇到麻烦事的时候，别一个人扛着，向周围的人寻求支持和帮助，许多问题就会迎刃而解。这既是做事的方法，也是保护良好情绪的策略。

许多时候，与其用不断取得成就来满足自我，不如启动我们的"社会支持系统"，从良好的人际关系中获得温暖、爱、归属和安全感，这样就算是平凡地度过一生，也可以获得最大的幸福。

> 对于被焦虑情绪困扰的人来说，社会支持就像及时雨一样，能带来足够而且持久的信心和力量。在最焦虑的时候，不要忘记去寻找你的社会支持，亲人和朋友、同事都可能会带给你意想不到的收获。

和别人攀比，你会变得不自在

人和人之间没有可比性，每一个人生下来都有自己独特的体貌特征，而且后天受到的教育和社会经历都不一样，所以大家都是独特的。然而生活在群体中，人们会不由自主地与周围的人比较，比长相、金钱、地位等等。

显然，如果拿自己的短处和别人的长处相比，很容易导致心理失衡，引发焦虑情绪，影响正常的工作和生活。

其实，许多时候与人攀比是毫无意义的，这样做只会扰乱自己的心性，失去分寸感，成为情绪的奴隶。而如果把有限的精力放在如何提升自我、改变自我上面，相信一定会有令人惊喜的成就。

在英国，有一个关于"攀比先生"大卫的故事，给许多人带来了有益的启示。

邻居盖了一幢别致的三层房屋，美丽的花园、大气的车库、宽敞的卧室令人艳羡。攀比先生大卫看到这一切，心里十分气愤："哼，难道只有你家有钱盖房子吗？明天我就把房子拆了，然后盖新的！"

第二天，大卫真的把那幢五十年的老房子拆掉，还找来了施工队，让他们盖一幢五层的别墅。并且，他特别强调新房子要比邻居家气派。

施工过程中，大卫异常挑剔，多次提出返工。最后，施工队忍无可忍，生气离开了。然后，大卫又找来其他施工队，但是都没合作成功。结果，新房子没盖起来，老房子也拆掉了，最后大卫只能在邻居的新家旁边搭了一个草棚。

五十岁的时候，大卫还没有成家。其实，他年轻的时候有过一段恋爱经历，双方相处很融洽。那么，为什么大卫后来一直单身呢？原来，镇上一个光棍曾经嘲笑大卫，说他没本事像自己一样单身一辈子。一气之下，大卫竟然赶走了女友，并且声称自己要单身一辈子。从此，再也没有姑娘愿意和他相处了。

大卫只活了60岁，而他去世也是因为与人攀比。当时，一位老人随口说自己比大卫先死。结果，大卫气愤不过，竟然喝安眠药自杀了。据说，他还给那位老人留了一句话："我终于比你先死了"。

很多人看了大卫的故事会笑，不过这未尝不是生活中你我的写照。凡事过分计较，比工资、比学历、比吃穿，这种攀比令人情绪失衡，变得焦虑不堪。其实，焦虑不是因为生活不够美好，而是因为太看重别人的生活，而失去了自我。

生活中保持一种良好的心绪，不与他人攀比，就会少了焦虑和忧思。这个世界上本来就没有绝对公平，如果总是怀着一颗攀比心工作、生活，就无法摆脱心理失衡的窘境，平添许多痛苦和无奈。

做最好的自己，不活在别人的影子里，自然会少了患得患失的忧虑。在纷繁复杂的人生里，平平淡淡才是常态，永远活在自己的心境中，就不会被外界打扰。

> 攀比是最不可取的心态之一，静下心来独立思考，不被外界的杂音所干扰，不被他人打乱自己的节奏，生活就会有条不紊，内心就会安定自然。

第十四章

忧郁情绪：迷茫时，就去寻找生活的乐趣

多愁善感似乎是人的本性，但是过分苛求自己，心性过于敏感，自然容易陷入迷茫。抑郁是个枷锁，戴着它未来永远不会好起来。寻找生活的乐趣，善于积极思考，你会发现不完美才美。

打开紧锁的心门

每个人的生活都不可能一帆风顺,总会遇到一些意料之外的挫折和磨难,甚至有的人还会遇到倾覆之灾。如果遇到不顺心的事就看不到未来的光明和美好的景色,那么就相当于给自己的心灵上了一把锁,自囚在忧郁之中,与美好的事物隔绝。

哈里·胡迪尼是世界级的魔术大师,他的拿手绝活是在短时间内打开最复杂的锁,而且从未失手。后来,他向世界发出了一个挑战:在一小时内打开任何一把锁,前提是穿着特制的道具服,并且不能有人观看。

英国一个小镇的几个居民发起了挑战,并且有意让胡迪尼难堪。他们精心打造了一把看上去非常复杂的锁,配上一个坚固的铁牢,看胡迪尼能否从中逃脱。接着,胡迪尼接受了挑战。

等所有人离开后,胡迪尼拿出特制的工具,尝试着把锁打开。半个小时过去了,他依然全神贯注地开锁;到了一个小时,锁仍然没有打开,他开始冒汗。超过了规定的时间,哈里·胡迪尼没能打开锁,最后筋疲力尽地将身体靠在门上。

没想到,牢门却顺势打开了。原来,牢门根本没有上锁,那把看似很复杂的锁只是故弄玄虚罢了。

世界级的逃脱大师却逃不出英国小镇精心设计的牢笼,因为他心中的这扇门已经上了锁,却没想到这把锁根本就没有锁上。他可以打开这个世界上的任何一把锁,却没办法打开自己心中的锁。

实际上,很多人心中都有这样一把锁,限制了自己的想象力与行动能力,在许多问题上作茧自缚。打开紧缩的心门,就不会为某些事情忧伤、抑郁了。那么,如何做到这一点呢?

第一,审视自己的锁。对胡迪尼而言,他如何努力都打不开的门,却经不住轻轻一推。当一个人非常自信而且认为自己无所不能的时候，致命的弱点就会随之无限放大，经不起现实轻轻一推。任何时候，自知是成功行动的开始。

第二，别锁住自己的快乐。如果一直抱怨命运不公，人生不如意，那么这把无形的锁就会悄悄地让心灵封闭，始终无法与快乐牵手。总是羡慕别人过得幸福快乐，嫉妒别人的富有，这种无休止的抱怨将会让我们失去快乐的心。

第三，凡事都要懂得感恩。随着年龄的增长，人们学会了计较，在实现个人理想的过程中与人竞争和攀比。对人对事不再有一颗感恩的心，自然就少了轻松自在，整天闷闷不乐。感恩生活的人，才能收获幸福快乐。

许多人活得不开心，整天郁郁寡欢。这时候，最应该做的是打开自己紧锁的心门。此外，换一种思维方式，也有助于轻松地找到解决问题的方法，而不再担忧没有出路。

> 一个人可以没钱、没地位，但是必须拥有一颗宽容的心，避免将自己的灵魂锁死。只要打开自己的心锁，你就会发现到处都是美丽的风景。

别让自卑毁了你的一生

自卑是一种非常消极的自我评价，能将人带入忧虑、抑郁的不良情绪中。一个自卑的人往往无法认清自己的能力，并拿自己的短处和别人的长处相比较，从而导致感觉事事不如人。

经验表明，自卑会让人丧失自信、悲观失望、不思进取，如果无法消除自卑的影响，人生的道路注定充满惆怅和孤寂。"我不行"，"我会失败",自卑的人常常把这些话挂在嘴边,同时又有极强的自尊心,导致内心矛盾、冲突不已。

事实上,每个人都曾有过自卑的念头,属于正常的心理活动。但是,如果不懂得走出这种心理阴霾,甚至让这种危险的念头掌控大脑,就可能因此陷入低落的情绪中,毁了自己的一生。

1951年,英国人弗兰克在一次实验中发现了DNA的螺旋结构,这在当时是非常伟大的成就。为此,他举行了一次报告会,整个英国科学界为之轰动。

弗兰克生性自卑、多疑,当大家为了这一科学成就欢呼雀跃时,他却开始怀疑论点的可靠性。当时,几位比他更权威的科学家都没有发现DNA的螺旋结构,这让弗兰克产生了自我怀疑,变得郁郁寡欢,后来竟然放弃了先前的假说。

然而两年之后,霍森和克里克也从照片上发现了DNA分子结构,并立刻进行更深入的研究。过了一段时间,他们取得了研究成果后照例举办了报告会,提出了DNA的双螺旋结构假说。这一假说的提出标志着生物时代的开端,两个人因此获得了1962年度的诺贝尔医学奖。

弗兰克的故事告诉我们,沉浸在自卑的情绪中不能自控,只能毁了自己。如果能自信地面对一切,就没有办不到的事情。遇事不能贬低自己,只要坚定信念、勇往直前,就一定能够走向成功。

如果你缺乏自信,并因为自卑而忧郁,不妨努力发现自己的长处,并用来弥补自己的缺点。具体来说,还需做好以下几点。

第一,客观、正确地认识自己。一个人只有对自己形成公允的认识,才能接纳自己。自我认知总是伴随感情的自我评价,公正的自我评价有助在情感上获得满意的心理暗示。此外,对于自己的弱点和不足,也要欣然接受,而后再想办法努力改进。

第二,把注意力集中在优点上。如果把注意力集中在自己的优点上,多做最擅长的事情,工作自然会有出色的表现。这些都能增强、支撑起你的自信心，从而获得良好的情绪体验。

第三，适当自我欣赏。自我欣赏的人更能充满自信，懂得自我激励的人则能突破困境。把你取得的成绩列在纸上，充分认识到自己的价值，自然能在情感上获得自我肯定，有助于克服眼前的困难，摆脱消极郁闷的情绪。

> 平时与朋友相处的时候，尽量选择那些心态积极乐观的人，尤其是那些懂得欣赏、肯定你的人。外界正面、良性的评价，有助于你重拾自信，走出情绪低谷。

患得患失的人不得安宁

患得患失是浮躁的一个重要表现形式，一味地担心得失，对事情斤斤计较，整个人生好像背上了一道沉重的枷锁。

有的人在做事前要反复考虑，而且完事后仍然放心不下，对各个细节都很在乎；而且，一旦有什么差错，非常担心外界的负面评价。他们一直被患得患失的阴影所笼罩，人生中没有一点安宁。

而当他们有所成就的时候，原有的信心、快乐也会突然消散殆尽，甚至怀疑自己的能力，随后开始瞻前顾后。已经发生的事情就不必放在心上了，凡事多一些豁达，自然会更轻松。因为患得患失而处处忧心，这样的生活有什么乐趣呢？

古代欧洲有一个神箭手安德鲁，无论立射还是骑射他都可以百发百中，从不失手。英国国王邀请安德鲁做客，想一睹神技。国王派人在花园中竖立一个兽皮的箭靶，靶心只有眼睛大小。

国王说："请展示一下你的本领吧！为了让这次表演更加精彩，我来定一个赏罚规则：你有三次射箭机会，如果你射中了，会得到黄金万两；如果射不中，你将丧失以往的名声。现在，请开始吧！"

听了国王的话，安德鲁顿时脸色变得凝重，心中不再那么轻松了。他慢慢抽出一支箭，搭上弓弦摆好姿势，开始瞄准。如果在平时，他根本不用如此小心，随手一箭就可以射中靶心。但是这一箭不同，胜负有明确的赏罚。想到这里，安德鲁心跳加速，甚至拉弓的手也开始微微颤抖。

安德鲁花了很长时间瞄准，几次想把箭射出去，却又收回来继续瞄准。反复多次之后，他终于下定决心射出一箭。结果，箭没有命中靶心，偏离了足有三四寸。顿时，安德鲁心情立刻紧张起来，焦急之下后面两箭竟然也没有射中靶心。

最后，安德鲁满脸羞愧地收起弓箭，失落地与国王告别，离开了王宫。对这个结果，国王也非常失望，但是又心存疑惑，就问大臣："听说他射箭技术高超，百发百中，为什么今天看来这么平常，难道是名不副实吗？"

作为欧洲有名的神箭手，安德鲁在得失面前发挥失常，更何况是一般人呢！避免患得患失的危害，少不了一颗平常心，做到不被外物干扰。能够做到这一点，自然能保持良好的心境，收获积极乐观的的情绪。

第一，别把得失放在心上，学会知足。每个人都会与他人比较，有些人在比较之后心理失衡，产生妒忌心理，陷入患得患失的不良情绪中，扰乱了正常的生活。看淡得失，努力做好自己，自然会发挥正常能力和水平。

第二，做真实的自己。只要能够做真实的自己，走自己的路，就不会被患得患失所困扰。人生的忧愁一直存在，我们不能因为患得患失再给自己平添更多的烦恼。走自己的路，看淡外界的评价，更能多一份坦然。

第三，看轻名与利。人生短暂，名与利就像虚幻的梦境，有时候并不可靠。许多为了一时的名利放弃内心的真实意愿，到头来得不偿失，只留下深深的遗憾。请牢记，人生最有价值的不是名和利，而是自己的生命与理想。

> 遇事优柔寡断，无法掌控自己的情绪，就会变得郁郁寡欢。清楚自己需要什么，想得到什么，应该放弃什么，而后努力行动，就容易有所收获。

请把烦恼抛在脑后

烦恼充斥在人生的每个阶段，有的人善于排解烦恼，轻松与它擦肩而过，有的人难以自持，总是与它亲密接触。当烦恼来临，人们会陷入负面情绪中，变得忧郁。

不被烦恼打扰的人生，当事人一定心胸宽广，为人宽厚。他们不消极被动，即使陷入困境、面对坎坷也懂得苦中作乐，所以快乐总是环绕在周围。

有一次，卡耐基在厨房擦拭碗盘，在旁边洗碗的太太放松歌唱。这让卡耐基很有感触，心想："已经结婚18年了，妻子也洗了18年的碗，但是她依旧那么快乐。如果在结婚时想到此后必须常年洗碗，那些沾满油污的盘碗堆积起来恐怕要装满一个仓库，势必会吓退所有的新娘。"

妻子为什么不会为洗碗这件事情烦恼呢？卡耐基认为，那是因为她一次只会洗一天的碗，而不会想着明天还要再洗。如果想着昨天、今天，以及明天要洗那么多碗，必然会变得痛苦不堪，烦恼丛生。

由此看来，关注眼前的事情，不去沉迷往日和未来的忧心事，自然会少了忧虑。卡耐基想到自己，每个周末的早上站在讲台上，告诉别人如何更好地生活，但是自己的生活里却充满了烦恼。这实在令人遗憾。

想通之后，卡耐基就不再烦恼了。不久，他的胃痛也随之消失，每天晚上睡得很香。后来，他经常对人说："我会把昨天的不安一股脑儿抛到纸屑篓里,同时我也决不考虑在'今天'洗'明天'的脏碗盘。"

遇事不自寻烦恼,生活才能充满阳光。即便碰到为难的人和事,也不必陷入忧虑,能够主动把烦恼抛在脑后,心境就会好起来。那么,如何不让烦恼侵袭呢?陷入迷茫时如何收拾心情呢?

第一,不为任何事烦恼。在任何情况下都不为任何事忧心,这是避免烦恼的前提。此外,心情不佳的时候,可以主动做一些更有意义的事情。一个人能够掌控内心,不为外界的人和事牵绊,自然容易减少不必要的麻烦,拥有无烦忧的时光。

无法掌控情绪的人,遇到麻烦就心生忧虑,无疑是在经历一次不堪回首的伤痛。将刻骨铭心的烦恼抛至九霄云外,不能让它们干涉我们的生活,禁锢我们的思想,搅乱我们的情绪,才是智者所为。

第二,把工作和生活分开。工作室工作,生活是生活,能够完全把两者分开是很多成功人士的习惯。能从繁忙的工作中脱身,及时转移到生活中来,就能暂时摆脱工作中的烦心事。善于及时转换角色和心情,不但能缓解紧张的神经,还能在自由切换中体验不同的人生主题,领悟生命的要义。

善于把工作和生活分开,更容易收获幸福的人生。人生的许多不开心,往往与想不开、看不透有关。在工作中不掺杂生活的影响,也不让工作干扰正常的生活节奏,许多看似不胜烦扰的事情就能轻易解决,并非无法逾越的沟坎。心境好了,整个人的情绪状态自然回归正常,拥有充沛的人生。

> 生活总会有不尽如人意的地方,如果不能在主观上阻止那些令人不快的事情发生,那么就应该努力去遗忘。尽量不和那些烦恼纠缠不休,是保持心情愉快、笑对人生的重要方法。

想得开是天堂，想不开是地狱

"一念天堂，一念地狱"，有什么样的心态就有什么样的人生。心里想什么，会影响人的状态和作为。心里没有烦忧，遇事自然能够想得通，做事豁达。

人的一生，多多少少都会有起伏，不会永远一帆风顺，也不会永远穷困潦倒。这种起起落落，对个人来说恰恰是一种磨砺。如果思绪打开了，心境平和了，那么所谓的挫折和磨难也就不复存在了。

正所谓"心境决定心情"，遇事能够想得明白，就能保持一种健康向上的心态，即使身处黑夜也能看到希望的曙光。

麦吉毕业于美国耶鲁大学，外表英俊，身材挺拔，而且在足球和表演上也小有名气。这个年纪正是他斗志昂扬的时期。然而在一个普通的夜晚，一辆卡车夺去了他的左腿。

从医院重症监护室醒来的时候，麦吉的左腿膝盖以下部分已经被切除。在外人看来，他即将面对的是悲惨的人生。

然而，麦吉并不甘心就这样在轮椅上过一辈子。于是，他出院后开始跑步，决心把自己锻炼成全世界最优秀的独腿人。那时，腿还在康复期，麦吉在疼痛的折磨下非但没有抱怨，而且咬牙坚持下来。

接下来，麦吉在三项全能比赛中获胜，他骑着脚踏车疾驰，群众夹道欢呼。突然，人群中发出一阵尖叫声，麦吉扭过一看，只见一辆小货车朝他直冲过来。

麦吉四肢瘫痪了，只能稍微动一动手臂。刚刚30岁，这个年轻人就再次遭遇重大不幸。躺在病床上，麦吉不甘心这样沉寂下去，决心站起来，过上独立生活的日子。经过艰苦锻炼，麦吉终于能自己洗澡、穿衣服、吃饭了。对此，医生也大感惊奇。

当然，这仅仅是开始。随后，麦吉开始了一场残酷的康复训练。他对自己说："你是过来人，知道该怎样做。你要拼命锻炼，不怕苦，不气馁，一定要离开这个鬼地方。"

就这样，麦吉再度变得斗志昂扬。由于坚持不懈训练，复健速度之快，出乎所有人预料。脖子折断之后仅仅6个月，他就开始独立生活了。又过了半年，麦吉在一次三项全能运动员大会上，发表了一篇激动人心的演说——《坚忍不拔和人类精神力量》。大家投来赞许的目光，被麦吉的感人经历打动。

人生中的开心、失落，以及功名利禄，往往都是互相转化的。不要为过去的遗憾难过，也不必为明天的未知焦虑，更别为眼下的不幸耿耿于怀。想开一些，懂得顺其自然，心情就会快乐一些，因为生活本没有我们想象的那么糟糕。

其实，人这一生中总会遇到各种不如意的事情。也许你无力改变眼前的窘境，但可以尝试着调节心情，改变一下看待万事万物的态度。

第一，正确面对人生的遗憾。在最短的时间内接受这次灾难造成的遗憾。不要纠缠在以往的痛苦回忆中，自然能减轻内心的压抑和痛苦。

第二，努力弥补遗憾。承认现实生活中的不如意，并通过自己的努力去弥补这些遗憾，努力过后心境自然会变好，这是积极心态的力量。

> 不幸降临了，最好的办法就是让它尽快过去，从而腾出更多时间去做更有价值的事情。凡事想开一些，心境变好了，世界也就变好了。

> 第十五章

悲伤情绪：现实有多残酷，我们就该有多坚强

现实很残酷，太多的人和事让人伤感、悲痛。但是，内心强大的人不会被无情的现实和悲伤的情绪击倒，他们逆势而上，在苦难中学会了微笑成长。

学会与痛苦的情绪相处

人类和动物之所以不同，在于动物只要食物充足，没有危险，就会感到幸福和满足。但是人类不同，在吃饱睡足之后，他们会因生活中的种种压力而感到忧伤。这些痛苦的情绪不利于人的心理健康，是获取幸福生活的绊脚石。

经验表明，生活充满了偶然性，并不由你完全掌控。在欢笑之外，总会有痛苦相伴。陷入痛苦情绪的时候，如果任由这种糟糕的心情持续下去，整个生活就会变得一团糟。

事实上，痛苦并不可怕。许多人对它不了解，遇见了就选择躲藏，缺乏直接面对的勇气。如果你能够坦然看待痛苦，就能与之和谐相处，并找到妥善处置的方法和策略。在我们身边，更多人不能妥善处理痛苦情绪，结果给自己和家人带来了无穷的烦恼。

帕克生活在美国的加利福尼亚州，是一名积极乐观的高中历史老师。他和妻子结婚五年了，两人在同一所学校教学。平日里，帕克像阳光大男孩一样，总是笑嘻嘻的，能够与人和睦相处。并且，他与妻子的感情也一直很好。然而，一切都在那天下午改变了。

当时，帕克兴高采烈地回到家，手里拿着一束鲜花，准备给妻子一个惊喜。然而，他万万没想到，妻子正在与人偷情。帕克愤怒地与那名男子扭打在一起，妻子吓得大喊大叫。

一怒之下，帕克毅然与妻子离婚。随后，他开始变得痛苦不堪。他不明白自己做错了什么，也想不通妻子为什么选择背叛。无疑，他很爱妻子，于是开始迁怒那个男人。

帕克纠结于生活的不公、人性的欺骗，陷入了深深的痛苦之中。显然，药物也无法根治内心的痛苦。后来，他开始把这种痛苦的情绪展现在家人面前。

生活中，帕克变得桀骜不驯，对家人颐指气使。他开始讨厌父亲，认为他自私自利，根本不爱自己。看到身边的人，帕克感觉每个人都是带着面具的小丑，内心藏着不可告人的秘密。

慢慢地，帕克变得更加易怒，暴力行为也越来越多。由于始终无法正视已经发生的事实，他只能活在痛苦的角落里，被悲伤包围，整天战战兢兢。

生活中，人们会因为朋友的一句话而生气，但是并没有讲出来，而是憋在心里，为此痛苦不堪。此外，也会因为排队付钱等了太久而郁闷，内心被痛苦的情绪折磨着。这些不良情绪聚集在心里，如果长时间得不到释放和缓解，整个人的状态就会变得非常糟糕。

如何才能与痛苦的情绪相处？人们为此花费了太多时间和精力，却很少有人能走出痛苦的人生。

心理学家提醒人们，在痛苦的情绪还未形成之前，务必要努力化解那些坏心情。比如，心情不佳的时候一定要懂得调剂，有些事不方便说出来就去做运动、听音乐、逛街、吃饭。总之，对不良情绪不能听之任之，才能免受其害。

而当痛苦的情绪已经形成，也不要害怕。勇敢正视它，接纳它，就能有效消除内心的焦虑、担忧和伤感。你可以去看医生，寻求心理治疗；也可以采用移情方式，进行自我治疗。

人生是一个五彩斑斓的世界，既有无穷的快乐，也有无尽的痛苦。学会与悲伤的情绪相处，坦然接受已经发生的事，自然会在经历中找寻步入人生下一阶段的路径。如此，你才能有苦中回甘的体验，了解并掌握幸福的真谛。

在痛苦中沉沦和抱怨，没有任何意义，因为已经发生的事自然有其存在的道理。在痛苦中，你可以感受到更加真实的生活，可以

> 看清这个世界的真面目,也可以激发自己更大的潜能。痛苦会让你变得强大,从而在未来的日子里更加坚定和从容。

生命无常,请别辜负好时光

"常"指的是一种常态,长期没有变化。而"无常"提醒人们,变化是绝对的,这个世界上没有固定不变的东西。人的一生,唯一不变的就是变化。

今天不知道明天会发生什么,甚至此刻也无法预计下一秒的状况。即便你做好了准备,计划了许久,生命的轨道也会因为某一个意外而偏离原先预设的方向。

或许昨天你还看到一张鲜活的笑脸,但是今天他就可能陷入伤感的状态。人生充满了偶然性,但是总有一些美好的事情令人振奋、期待。所以,面对那些令人难过的事情和局面,请倍加珍惜眼前的好时光。

菲比是一个小说家,从小就喜欢写作,大学读的也是文学专业。凭借文学方面极高的领悟力和想象力,她年纪轻轻就出版了两部小说,并且非常畅销。然而谁也没有想到,菲比进行体检的时候被查出患上了脑瘤。

起初,菲比单纯地以为这是一个小手术,只要把肿瘤切除就能恢复健康。后来,得知脑瘤的危险性比一般的癌症还要大,她仍然被吓到了。然而,菲比很快调整好情绪,开始乐观地面对一切。

她积极配合医生进行治疗,做好了承受各种痛苦的准备。化疗的时候,头发几乎都掉光了,这对一个女孩子来说是莫大的打击。但是,菲比看起来非常积极乐观,并没有消极避世。没有了真头发,她就买各种各样的假发,还开心地对大家说,自己终于可以天天换发型了。

生活中,菲比坚持与朋友们聚会、郊游,珍惜每一次与大家相处的机会。当然,她也没有放弃自己的爱好——写小说,还用文字把自己的这段经历记录下来。在日记中，她详细描述了每天发生的事情，并感恩生命给予的爱。

与那些在痛苦中消沉的人不同，菲比没有埋怨上帝为何让自己生病，她享受眼前的每一分、每一秒。她说，如果不是因为脑瘤，她可能不会意识到朋友和家人的重要性，也不会有这么好的题材去写小说。

菲比终究离开了这个世界，但是她没有留下遗憾和痛苦。她微笑着与这个世界告别，在家人和朋友的陪伴下度过了余生，给大家留下了一本充满欢乐和力量的小说。

菲比展示出了可贵的乐观精神，并以此影响了身边的朋友。她的文字长久保存下来，给更多人带来思考和启发。人不能沉浸在生命无常的宿命论中，而要感受生命的美好，这是菲比的精神遗产。

生命中不会总是晴空万里，也会有阴云密布的日子。懂得珍惜与感恩的人不会陷入悲伤，他们永远对生活充满信心。

经常会有人抑郁满怀地走在校园里、大街上，常常听到有些失恋的朋友说再也不相信爱情，更多的人则会被忧伤操控，无法打起精神将坏日子过好。

成熟的人不让阴霾阻挡阳光，他们能看到生活中艰辛的一面，也懂得珍惜眼前的每一分每一秒。所谓"忧伤"，不过是消极面对生活的一种感受，认真而努力地活着，感谢每一个或阴或晴的日子，不辜负天赐的好时光。

> 生命无常，上帝难免会误伤好人，但是贵在有人懂得珍惜。不知道从什么时候开始，很多东西和以前不一样了，面对这些变化和不如意，有智慧的人选择包容和理解，给悲伤的日子涂抹上欢喜的色调，于是原本脆弱的心也变得强大。

忘掉那些伤心的人和事

一位哲人曾经说过:"只有学会忘记苦难和不愉快,才能成为最幸福的人。"这句话道出了许多人不幸福的根源,那就是不会选择忘记。

生活总是苦乐参半,有甜也有苦,有乐也有悲。一个人如果长期陷入苦闷、悲愤的情绪中,即使有快乐的事也无法令其振奋,生活注定被乌云笼罩。

面对纷扰芜杂的日子,如果对那些令人不愉快的事耿耿于怀,心里又怎么会装下快乐和幸福呢?每个人的时间和精力都是有限的,只有懂得忘掉那些伤心的人和事,才能亲近美好,远离悲伤和烦闷。

鲍勃·彼得雷拉是美国洛杉矶一位电视制作人,已经六十多岁了。不过,他依然保持着充沛的精力,每天都奔波在工作的第一线。

由于工作上的需要,鲍勃需要每天记住很多繁杂的事情,所以练就了非凡的记忆力。当然,这一天分从小就体现出来了。他清楚地记得自己五岁之后发生的每一件事。

这种超凡的记忆力得到了同事的赞扬和崇拜,也令鲍勃一度陷入焦虑。原来,他不但记得过去美好的经历,也忘不了曾经的种种痛苦。细心的人会发现,鲍勃经常会莫名其妙地情绪低落,或者突然间变得忧心忡忡。

原来,他遇到了某个人,或者听说了某一件事,回忆起以前一段不开心的往事。这种不快乐的记忆碎片占据了心灵,令人伤悲,也带来了无尽的苦恼。

记忆力太强的人,如果不能忘记那些令人伤心的人和事,就会陷入悲伤的情绪中,无法与快乐为伴。因此,懂得忘却是摆脱忧伤的必要方法。

澳大利亚作家朗达·拜恩提出过一个重要的人生哲理,即"吸引力法则"。他说,思想像磁铁一样有磁性,有着独特的频率,如果你在想一件开心的事情,那么生活中那些开心的经历都会向你飞奔过来。同理,如果你在思考痛苦的往事,那些不愉快的事情也会纷至沓来。

对每个人来说,情绪是自己最好的医生和老师,它会告诉你在想什么,心里装着什么。当你为考试失利、工作不顺、爱情遇挫精神萎靡时,如果无法逃离这些令人伤感的事,即使买橘子时遇到一个坏橘子都会让你感到生活是那么不公。

当生活变成了吹毛求疵,当神经变得脆弱敏感,忧伤就会把人带进痛苦的深渊,日子一长就会在沉沦中迷失自己,最终被被黑暗吞没。

笛卡尔曾经说过:"我思故我在。"一个人有怎样的心思,就会有怎样的生活。从心理学角度分析,悲伤情绪并不取决于多么悲恸的事件和打击,更多源于内心对伤感的沉迷与无法驾驭。学会遗忘,无疑是告别悲伤的有效策略。

> 忘记不愉快的事情,并不是让人选择逃避,而是感悟人生后的抉择。令人悲伤的事已经发生了,就去理解和接受它,而不应被它牵绊、操控。放下它,忘记它,然后轻装上阵。当一个人没有负担,没有太多杂念的时候,自然容易发现生活中令人欣喜的事情。

悲伤是快乐的另一面

人们在工作中取得成绩,或者在事业上获得成功的时候,会充满喜悦,甚至进入兴奋状态。但是,如果任由这种情绪膨胀下去,就会演变为一种自负、自大。高兴过了头,乃至忘乎所以,反而会遇重挫,从快乐转向悲伤。

凡事把握好限度,做到居安思危,就容易保持平稳的心态,不慌不躁,从而避免引起太大的情绪波动。这提醒那些容易情绪化的人,别因过度的开心而失去理智,最后带来悲伤的后果。

莫妮卡大学毕业后进入一家贸易公司上班,成为众人眼中令人艳羡的职场新秀。在与人沟通方面，莫妮卡表现卓著。她总能把难缠的客户搞定，销售业绩始终排第一，得到了上司的赏识。

这对刚刚入职的菜鸟来说，确实是出色的表现。渐渐地，莫妮卡有点儿自我膨胀了。

有一次，莫妮卡与一名客户进行项目合作的谈判，双方都觉得很投机，并对合约细节进行了讨论。最后，两个人当场就把合同签了，而莫妮卡没有事先通知主管。

又给公司拿下了一笔大单，莫妮卡梦想着得到主管的称赞，甚至幻想会加薪。令人意外的是，公司以擅自越权为由，向她提出了解约。这深深伤害了莫妮卡的心，自己努力为公司创造效益，却得到了不公的对待，换做任何人都无法理解。

一次偶然的机会，莫妮卡从曾经的同事那里了解到，由于在公司表现得过于锋芒毕露，结果引得一些人经常对上司提出负面评价，甚至诋毁她与客户私下存在金钱交易。

对此，公司管理层将信将疑。莫妮卡擅自做主和客户签订合同，加重了上层的疑心，最终没有逃离被辞退的厄运。

在上面这个事例中，莫妮卡的情绪发生了两次转变。起初是刚入职时因为工作能力强被赏识，从而获得快乐兴奋之情。另一次情绪变化是工作热情高涨时却惨被辞退，由此产生悲愤、失落。

人的情绪很容易影响到行为，所谓快乐或悲伤往往相距不远。陷入悲伤的时候，不必对生活失去信心，想想那些令你快乐的人和事，然后转换心情，你会变得坚强起来。

美国哥伦比亚大学教授乔治·A.博南诺教授和同事们展开了一项研究，抽样达到一万六千人，并且持续了35年。最终，他根据研究成果写成了《悲伤的另一面》一书。在这本著作里，乔治教授用大量的事例向公众说明了一个简单的道理：人类具有与生俱来的复原能力，并且这种能力无处不在。

从悲伤中走出来，你就会体会到其实那也是一种快乐。快乐与悲伤互相依存，彼此影响，而主动权就在你手里。当然，这里所说的"快乐"并非不知荣辱、是非，而是在悲伤中找到生活的动力，体会到生命的真谛。

> 美国人民敬爱的特蕾莎修女对待人生的态度，便是世上的痛苦俯拾皆是，但如果视其为上帝赐予的礼物，便会减少几许悲伤，平添些许快乐。快乐与悲伤就像一对孪生兄弟，他们可以互相转化，相互依存。因此，快乐时不忘悲伤，悲伤时也要想到阳光普照的日子。

任何苦难都不要放在心上

试问有谁不想活得幸福快乐？但是上帝是公平的，不会只给你阳光雨露，也会给你黑暗阴霾。无论是开心事，还是苦难事，最重要的是明确一点：你想过什么样的生活？

相信每一个人都在追寻一份纯粹、简单的日子。心就那么大，实在装不下太多的事情。苦难，必须经历，不必逃避，但也不必时时刻刻被其环绕。它就像一阵凛冽的寒风，吹在心上，让人不禁会打个寒颤。可是，寒风毕竟会过去，平静的日子最终常伴左右。既然苦难终究要逝去，为何又要将它时刻放在心上呢？

古时候，欧洲各个城邦之间互相攻击，争夺领土和民众。当时，有两个城邦常年交战，但是始终都不能将对方兼并。有一次，A城邦首领带兵攻打B城邦，不幸被弓箭射中了右脚。在那个医疗并不发达的年代，首领最终因伤势过重而亡。

首领死后，儿子继承了王位，并发誓为父报仇。三年后，他成功将B城邦首领擒获。为了羞辱对方，他并没有立刻将其杀死，而是让其为奴侍奉左右。这对一个城邦首领来说，确实是极大的羞辱。

但是，B城邦的首领没有自暴自弃。他虽然暂时失去了自己的城邦和人民，但是还拥有一批忠实的跟随者。智囊团为他献计，让其不要将屈辱放在心上，而要以柔克刚，化悲愤为力量。

B城邦的首领听取了部下的意见，在A城邦忍辱负重做奴隶，受尽了无尽的羞辱。当然，他没有沉浸在苦难中，而是默默筹划重回昨日辉煌的那一刻。最终，在经历了7年的奴隶生活后，他终于重新回到自己的城邦，并且让其变得更加强大。

对于A城邦和B城邦的两位首领来说，他们都曾遇到过苦难，但是都没有将其放在心上。他们把苦难当做生活的养料，当做历练的基石，在苦难中理解人生，最终重整旗鼓，迎来人生的转机。

荷兰后印象派画家梵高是艺术的天才，但他一生经历了无数苦难，过着穷困潦倒的日子。梵高几乎没有过上一天好日子，不是被物质所困，就是被情感羁绊。但是，他并没有沉沦于苦难而一蹶不振，反而将这些痛苦融入到自己的画作之中，创作出了后世传颂的佳作。

苦难从来都是天才的营养药，根本不会将其放在心上。菩提师祖说，"身是菩提树，心似明镜台。闲来勤拂拭，莫使染尘埃"。这提醒人们，痛苦往往是自己编制的一个牢笼。生活中的一点磨难能让你万念俱灰，陷入痛苦的泥沼中，又怎能在未来的日子中迎接更大挑战呢？

这个世界从来不缺少悲伤的人，无论你当下是否快乐，都应藏起那份悲伤，打起精神努力前行。当你为没有一件晚礼服参加舞会而悲伤时，有些人甚至连背心都没有。也许你还没获得幸福，但是想想身边那些更加不幸的人，就容易对眼前的苦难释怀。

人们孑然一身来到这个世上，最终也会一丝不挂地离开。在这个过程中，无论经历了什么，到最后都会显得微不足道。所以，你又何必将苦难挂在心上，而错过太多更加宝贵的东西呢？与其让悲伤情绪困扰一生，倒不如从中醒悟，迎来乘风破浪的日子。

第十六章
后悔情绪：不要让过去的记忆，折磨现在的自己

人生就是一道数学题，有时候做加法，有时候做减法。加一点希望，减一点失落；加一点勇气，减一点怯懦；加一点热爱，减一点憎恶，才能多一些开心。过去的事情，不必耿耿于怀，活在当下的人最能掌控未来。

有些事情不必放在心上

一个人如果活到 70 岁，那也不过三万多天。除去每天吃饭、睡觉、发呆的时间，你会发现，剩下由自己完全支配的时间其实并不多。生命是有限的，而生活中纷繁复杂的琐事是无穷无尽的。你不可能为每一件事伤神，因此有些事情不必放在心上。

生活中，最稀疏平常的事情就是邻里、朋友、家人之间的磕磕绊绊。发生争执和不愉快在所难免，但它们只是一段小插曲，没有必要锱铢必较，也无需争个孰是孰非。如果执拗地闹到最后，不但无法解决问题，反而会伤害彼此的感情，造成更大的误会。

琳娜是纽约的一位名媛，父母都混迹于时尚界。从小耳濡目染，她自然气质非凡。虽然出身高贵，但是琳娜身上没有公主般的娇气，平日里与同学、朋友都能友善相处。

在大学里，她爱上了来自美国布鲁克林区的小伙子丹尼尔。众所周知，在布鲁克林区居住的人大多出身贫寒。

但是，这没能阻挡两个人轰轰烈烈地相爱。最终，他们步入了婚姻的殿堂。然而，不同的家庭背景仍旧带来了隔阂，婚后发生了一些小插曲。

有一次，夫妻两人发生了口角，丹尼尔口无遮拦地说："你拥有的一切都仰仗着有钱的父母，不值得炫耀。我的家族最看不惯的就是有钱人！"琳娜听完，哭着从家里跑出来。

她回到母亲家里，然后诉说自己的委屈，并抱怨婚后生活不幸福："真后悔嫁给了丹尼尔，他一点儿都不体贴。"

母亲听完女儿的哭诉，笑着说："所有的美国人都讨厌有钱人，我也讨厌。你不讨厌吗？"这句玩笑话把琳娜逗乐了。

丹尼尔意识到自己说了过火的话,赶忙找到琳娜,赔礼道歉。后来,丹尼尔的父亲也登门致歉,希望化解这场误会。

琳娜的母亲安慰丹尼尔的父亲:"夫妻两人关起门来争吵太正常了,哪里轮得着我们这些老人插手?"随后,两个人哈哈大笑,一场风波就这样过去了。

与人相处难免会产生一些分歧,而彼此生气时说的话并非出自本心。所以,当琳娜为丹尼尔的无心之言耿耿于怀时,母亲善意规劝,就起到了很好的润滑作用。

遇到不开心的事情就后悔不迭,纠结于为什么当初率性而为,实在没有必要。事情已经发生了,可以吸取教训,避免以后犯同样的错误;但是,不必患得患失,心神不安。

无论是夫妻、朋友,还是邻里之间,亦或者是陌生场合的萍水相逢,都可能会发生小小的摩擦。如果在这些小事上斤斤计较,患得患失,必然走进死胡同,无法让内心得到安宁。

日本著名作家伊吹卓发明了"傻瓜哲学",倡导遇事不必太在乎,学会大智若愚。当然,这不是真的愚笨,而是一种看淡、看开、看透生活的大智慧。

时间过去了就不会再来,这种不可逆转性告诫我们,不要在无关紧要的小事上计较,而要保持一份恬淡的心境,顺其自然地生活,从而少一点憎恨,多一点快乐。

> 心理承受能力强的人,更能成大事。情绪无疑是影响心理素质的重要因素,遇事不卑不亢,不为小事抓狂,显然更容易把握好当下,作出正确的选择。远离后悔情绪,懂得放下和释怀,生活会变得更简单。

别为打翻的牛奶哭泣

泰戈尔说过:"当你为错过星星而伤神时,你也将错过月亮。"生活中,一个人不但要学会怀念,更要学会忘记过去。对于痛苦来说,忘记是一种解脱;对于疲惫来说,忘记是一种宽慰;对于自我来说,忘记是一种升华。

在漫长的人生道路中,如果把所有的恩怨情仇、功名利禄等都时刻记在心上,这无异于背上了沉重的十字架。无形的枷锁会让生命变得痛苦不堪,以至精神萎靡、一蹶不振。生命之舟失去了依靠,在茫茫大海中迷失了方向,就会有倾覆的危险。

无论你快乐或者忧伤,都不会左右生活前进的脚步。人生的精彩之处在于经历了怎样的过程,而不是得到了怎样的结果。所以,人生就是把无数明天变为今天,再把今天变为昨天的过程。聪明的人懂得忘记过去,不为打翻的牛奶哭泣,所以他们总能带着愉快上路,成为最大的赢家。

美国南加州大学有一位生物学博士,名叫保罗·布兰德威尔。他做事严谨,同学们似乎都有点畏惧。因此,上课时大家都战战兢兢,对保罗也没有什么太好的印象。直到有一次,保罗在课堂上做了一件事,彻底改变了大家的认知。

那天早上,全班同学走进实验室。保罗·布兰德威尔博士将一瓶牛奶放在桌子上。大家都安静地看着那瓶牛奶,心想:"这和今天的生理卫生课有什么关系?"

这时,保罗·布兰德威尔博士突然站起来,一不小心把那瓶牛奶打碎碰道了。这时,同学们一阵慌乱,有人甚至惊呼起来。保罗·布兰德威尔大声说道:"不要为已经打翻的牛奶哭泣。"

随后,他又一字一句地说:"大家都看见了,这瓶牛奶已经洒掉了,无论你多么着急,都没有办法再将其收起来。我希望你们永远不要忘记这个道理。其实,只要开始稍加预防,那瓶牛奶就不会被打翻。可现在一切都太迟了,我们能做的就是把它忘掉,丢开这件事情,去关注下一件事。"

一名学生亲眼看到了一切,日后深有感触地说:"我从这堂课中学到的东西,超过了整个高中时代的所学。从那时起,我明白了这样一个道理:只要可能的话,就不要打翻牛奶,如果万一打翻了,牛奶就会流掉,你就彻底把这件事忘掉。"

生活中,人们常常做着背道而驰的事情。你可以设法补救某件事产生的后果,但不可能改变已经发生的这件事。想让过去的错误变得有价值,唯一的办法是以冷静的态度反思当时的行为,从错误中吸取刻骨铭心的教训,然后再把错误忘掉。

著名的棒球手康尼·马克说:"过去我总是为输球而烦恼,可现在我觉得这是一种非常愚蠢的行为。既然输球已成事实,我又何必沉浸在痛苦的深渊里呢?既然水已经流进河里,就不可能再收回了。"

是啊,流入河中的水是不能收回的,打翻的牛奶也无法重新收集起来。但是我们可以在事情发生后采取积极的态度,告别伤感、后悔等不良的心理状态。

莎士比亚说:"聪明人永远不会坐在那里为他们的错误而悲恸,却情愿去寻找办法来弥补他们的损失。"只有学会忘掉,才能走出失败的阴影和自卑的泥潭,这是成功人士共同的经验总结。如果你还在为昨天的某件事耿耿于怀,那就尝试着调节一下心绪吧!

> 生命有限,在宝贵的时光中,将一些无关紧要的事忘掉,重新赋予生活更多积极、有意义的主题,你就能放下包袱轻装上阵,信心满满地面对现在,斗志昂扬地迎接明天。

人生没有第二次选择

古希腊哲学家苏格拉底说过:"一个人不能同时踏入两条河流。"当我们做出一种选择的时候,就意味着放弃另一种可能。因此,凡事在抉择前要深思熟虑。而一旦作出决定,就要勇敢面对和承受,不必为某些遗憾耿耿于怀。

有的人苛求完美,结果总是纠结于一时的挫折、纰漏,搞得心情一团糟。他们甚至怀疑当初的选择,并为此懊恼、愤懑,乃至陷入深深的自责。既然作出了选择,就坦然面对。无论结果如何,首先学会欣然接受,相信当下的一切就是最好的安排。

苏格拉底不仅是一位哲学家,还是一位称职的老师。有一次,几个学生请教关于人生真谛的问题。苏格拉底没有马上回答,而是把大家带到一片果林中。

同学们站在果树下,树上挂满了各种丰硕的果实。接着,苏格拉底微笑着说:"你们各自沿着一行果树,从这头走到那头,每人摘一枚最大、最好的果子。不许走回头路,不许做第二次选择。"

同学们不明白老师的用意,只当是一次户外实践课,然后就按照要求穿行在整片果林中。在整个采摘过程中,同学们认真选择。走到林子尽头的时候,苏格拉底已经站在那边等候。

苏格拉底问道:"你们是否完成了自己的选择?"大家面面相觑,不知作何回答。接着,他问一名同学:"怎么了,孩子?你对自己的选择满意吗?"

这名同学说:"老师,让我再选一次吧。我走进果林后,发现了一个很大的果子;可是,我想着后面肯定会有更大的,结果没有摘。现在看来,我错了。"

接着,另外一个同学说:"我和他恰恰相反,一进林子,我就摘了一个大果子，结果发现后面还有更大的。老师，让我再选一次吧！"

听到这里，苏格拉底摇摇头："孩子们，你们没有第二次选择，这是游戏规则。"

苏格拉底用这样的方式告诉学生，人生就是一场游戏，它的规则就是时间的不可逆性，人不可能对过去的事情做出第二种选择。这片果林对每个人都是公平的，大家对其都充满了未知，做出何种选择完全取决于个人意愿。而一旦决定，就无法改变。

许多人后悔自己草率地做了决定，然后情绪失落，闷闷不乐。也有人庆幸自己做了正确的选择，欢欣鼓舞。不管是什么样的结果，都与你最初的选择有关。

人生没有回头路，任何时候都要勇往直前。经历后才发现自己失去了许多，但也会由此更加珍惜现在拥有的一切。光阴一去不复返，再多的后悔也换不回曾经的一瞬，倒不如坦然面对，慎重对待下一次决择。

> 人们会因为过去做错的事和选择感到遗憾和愧疚，恨不能重新来过。如果不能在内心深处释怀，远离后悔情绪，你的生活将会变得暗无天日。永远向前看，把握好当下，才是智者应有的态度。

路过的都是风景，留下的才是人生

许多人大学毕业后，常常被追问："你究竟在大学里学到了什么？"一个令人印象深刻的回答是——忘记书本上的知识，剩下的就是你真正得到的财富。

人生就像一列驶向远方的火车，旅途中会越过山丘、河流，会看见百花开放，也会遇到白雪皑皑。但是，这些风景都会随着火车的行进而消逝，留在你脑海中，陪伴你度过漫漫旅程的，恰恰是你看风景时的心情。

露西是一名16岁的女孩,长得非常可爱,却遭遇了一段噩梦般的经历。在一次野外探险中,她和同学走散后,在隐蔽的山林里被坏人强暴了。这给露西的心灵带来了沉重打击,从此她整天以泪洗面,郁郁寡欢,甚至产生过轻生的念头。

有一天,露西走到小区的教堂里,向神父祷告。刚说出第一句,她就泣不成声了:"我为什么会有这样的厄运?我到底做错了什么,上帝要这样惩罚我!以后怎么生活呢?"

神父平静地听完露西的哭诉,然后问道:"姑娘,你被强暴是自愿的。"露西被神父的话吓住了,然后生气地反问:"你在说什么?我怎么可能是自愿的呢?"神父仍旧一脸平静地说:"你被强暴了一次,但是却对这件事念念不忘,这相当于在心里天天甘愿被强暴了一次又一次。"

听到这里,露西有点儿迷茫了,委屈地说:"我也不想这样,那我该怎么做呢?"

神父说:"世界上没人能一帆风顺,不幸的事情发生了,就像你看了一场电影,让它过去吧。如果天天沉浸在痛苦的回忆中,不是在自虐吗?这和再次被欺侮一遍有什么区别吗?外界的环境很难改变,但是我们可以改变自己的态度。你控制不了别人,却可以掌控自己的情绪。不管过去经历什么,重要的是打起精神面对未来的生活。"

露西听后恍然大悟,意识到不能让这件事继续扰乱心情了。在痛苦中无法自拔,既浪费了青春,也毁掉了当下的生活。

英国前首相劳合·乔治有一个习惯,无论进出什么场所,都习惯性地将身后的门关上。有朋友问,是否有必要这么做。劳合·乔治说,"当然有必要。"当我们关上一扇门的时候,也就意味着过去的一切都被关在了门内,不管是辉煌的成就,还是痛苦的回忆。只有做到这一点,才能够继续前行。

生活列车在前进,窗外不可能只有美好的风景,也会有肮脏的臭水沟,破败的小村庄,甚至是战争之后尸横遍野的场面。但是这些都只是风景而已,他们不会也不应该常伴你的左右,影响你的情绪。

事情已然发生,不管是好是坏,都已经覆水难收。始终保持轻松的心境,恬淡地看待窗外的风景,思考人生有价值的东西,感恩上帝的每一个安排,你就没有后悔可言了。

无论生活怎样风起云涌,日子也不过是一杯茶,一碗饭,曾经的种种都如过眼云烟,不会再激起心中的层层涟漪。人生苦短,不必在忧郁的情绪中徘徊,所有的人和事都顺其自然,离去的都是风景,留下的才是人生。

> 米兰·昆德拉说,永远不要认为我们可以逃避,每一次选择都决定着最后的结局。朝着一个目标前行,面对旅途中那些不愉快的事情,你可以把它们看做是终究会被列车抛在身后的一抹风景。不必在意那些抓不住的东西,多留意那些可以掌握的幸福才好。

眼前的一切都是最好的安排

在这个充满变化的世界里,不确定性因素常伴左右,你永远无法掌控眼前的一切。然而,人们仍旧期待着最好的安排。有人会纠结于此,特别是遇到不顺心的事情,会认为自己遭遇了不公正待遇。

起风了,树叶被吹落下来。有的叶子飞到了小河里,有的落在了草地中,还有的掉在了粪坑里。就是这么一股风,让本来生于同一颗树上的叶子有了不同的命运。人生何尝不是如此呢?

坦然面对眼前的一切,学会接受各种人和事,不沉浸在痛苦和后悔中,人生才能多一抹亮色。比如爱情,无论悲喜,无谓高尚庸俗,它是当事人站在从自我视角审视整个世界的结果,领悟眼前的景致,珍惜相遇的每个人,蓦然回首,其实幸福就在你身边。

黛西是一位婚礼策划师,年轻貌美,并且还有一个高大帅气的男友杰克，真是羡煞旁人。她的最大愿望就是能够给自己设计一场美轮美奂的婚礼，但是这个美好的梦想却被残酷的现实击碎了。

男友杰克认识了一位银行家的女儿——露娜，后者疯狂地爱上了杰克。露娜用父亲的地位诱惑杰克，结果成功从黛西手里抢走了幸福。

更让黛西难以接受的是，露娜竟然找到黛西的公司为自己策划婚礼。紧急时刻，公司的婚纱设计师约翰站出来，帮助黛西度过了眼前的难关。约翰给黛西讲笑话，按时送饭，还帮忙应付难缠的露娜。最后，他促使露娜放弃了与公司的合作，这帮黛西挽回了面子。

黛西的心情变得好多了，却始终没有察觉到约翰的爱意。直到有一次到约翰家做客，她无意中翻看到了他的婚纱设计手稿，才惊讶地发现里面的每一款婚纱都是为自己设计的。并且，旁边写着约翰当时的感受。

直到这一刻，黛西才明白了约翰的良苦用心，感动得流下了眼泪。她拥进约翰的怀里，两个人相视而笑。

面对男友的背叛，黛西一度对生活失去了信心，也未能体会到约翰的关心。不过，她又是聪明的，随后发现了约翰的爱慕之情。她感恩上帝送了一位天使守在自己身边，也相信眼前的一切就是最好的安排。由此，她开启了另一段幸福的人生。

一些不愉快的事情会长期纠缠在左右，甚至让内心产生恨意。不过，这又有什么用呢？别带着悔恨生活，给自己一个理由原谅对方，心才会安放。坦然面对眼前的一切，学会理解和接受事实，终将发现生活中另外的美。

> 对过去的生活不满意，甚至充满了悔恨，这是一种悲观消极的情绪。如果任由其积压在心底，会让你失去活下去的勇气，或者变得思想极端，对人失去信任。更可怕的是，你会因此而错过生活中真正爱你的人，那些值得珍惜、留恋的事情。已经发生的，就让它随风而逝，因为幸福就在眼前。

第十七章

挫折情绪：任何打击都不应该成为你堕落的借口

没有人能够一帆风顺地度过一生，挫折与失败难免避免。如果对磨难充满恐惧，满腹抱怨，那么你的人生就是灰暗的。面对任何打击都拒绝堕落，这样的人生才令人钦佩。

把挫折当做"家常便饭"

挫折感往往来自于失败，它是人们在从事有目的的活动中受到干扰或阻碍，致使其动机不能获得满足时的情绪状态。具体来说，挫败感的症状是焦虑、多梦、厌世、冷漠。这会影响到正常的学习、生活与工作。

失败就像成功的影子一样，你无法逃避，只能勇敢面对。只有经历了多次挫折，才能够体会到成功的弥足珍贵。如果将每一次人生挫折都当做打击，进而一蹶不振，那么生活就会变得非常艰辛，你离成功也会越来越远。

对奋斗者来说，失败就像家常便饭，你可以有一时的挫折感，但是不能让它掌控你的心灵，并由此变得灰心失望。及时转换挫败情绪，积极主动应对眼前的挑战，你的人生就会变得不同凡响。

美国总统林肯因解放黑奴，实现了国家统一而令人敬仰。有谁能够想到，他在当选总统之前经历了无数次失败，饱尝了人间辛酸。令人敬佩的是，林肯有一颗强大的心，没有被一次又一次的挫折击垮，而是在跌倒后坚强站起来，最终实现了自我价值。

1832年，林肯还是一位普通的职员，不久就失业了。这让人很伤心，但是他很快就调整好心态，告诉自己不适合做这一行，还是立志成为一名政治家吧！随后，他决心竞选州议员。

糟糕的是，林肯初出茅庐，并不被民众看好，于是在竞选中败北。接连受挫，让这个年轻人感觉有些无助。还好，他没有对生活失去信心，决定来年再次参加竞选。

到了第二年，林肯竞选成功了，一时间信心大增。他认为，自己在政治这条路上一定能够走得更远。

1835年，林肯订婚了，然而在举办婚礼的前几天，未婚妻不幸意外去世。这对林肯来说，无疑是一次巨大的打击。他心力交瘁，卧床不起，甚至患上了精神衰弱症。三年后，他才从丧妻之痛中走出来。

面对新的生活，林肯给自己设定了更高的目标——竞选州议会议长。事情远非想象的那么简单，这一次又失败了。1843年，林肯又参加了美国国会议员的竞选，同样遭遇失败。这时候，他已经变得成熟稳重，能够淡然面对各种境遇了。

失败是迈向成功的必经之路，没有挫折，显然无法拥抱胜利。林肯这样激励自己，准备迎接更大的挑战。1846年，他再次竞选国会议员，终于成功当选。两年任期结束后，他想连任，结果遗憾落选。为此，还赔了一大笔钱。

1854年，林肯再次参选议员，遭遇失败。两年后，他又竞选美国副总统，被对手一举击败。面对接二连三的失败，林肯不服输，不埋怨，始终没有放弃为理想努力。一直到1860年，他终于当选为美国总统。

试想，如果林肯不能及时调整情绪面对数次的人生挫折，那么美国就会少了一位伟大的总统。面对残酷的挫折与打击，唯有坚定信念，积极乐观地迎接挑战，人生才会迎来转机。

情绪消极的人很脆弱，经不起丝毫风吹草动，面对逆境自怨自艾。他们在不良情绪的控制下过早承认失败，让人生后半场变得枯燥乏味，毫无精彩可言。

人们都渴望一生平平安安，诸事顺利。然而，命运总是喜欢捉弄人，似乎饱尝了艰辛才能获得幸福、成功。既然人生境遇无法掌控，那就及时调整情绪吧，坦然接受一切磨难与困厄，强劲筋骨，拓展心胸，让人生经历一次波澜壮阔的自强旅程。

> "人的生命似洪水在奔腾，不遇到岛屿和暗礁，难以激起美丽的浪花。"汪洋大海中，暗礁随处可见，不能因为一块石头就对生活失去信心。让挫折从绊脚石变成垫脚石，你会走得更远，看得更高。

在跌倒中进步,在失败中求索

成功总是与失败紧密相连,重要的是,每一次失败后认真总结教训,为下一次成功做好准备。跌倒了不可怕,只要想清楚自己为什么会摔跤,如何才能够避免下一次失误,就会降低再次摔跤的风险。

荷花生长在污泥之中,春夏都要经历风吹雨打,这很像人生中遇到的失败与挫折。但是,污泥和风雨给了荷花营养,让它有一个美丽的花季。人也可以在失败中汲取养分,充实自我,成长为优秀的人才。

比尔是美国一家网络科技公司的CEO,如今事业顺风顺水,生活惬意。但是在创业之初,他也遭遇了一系列挫折打击。他很感恩曾经的失败,因为是它们造就了今日公司的蓬勃发展。

1968年,公司刚刚成立不久,人们对于互联网知之甚少,连政府也没有完全决定要建设信息高速公路。但是,当时有许多互联网公司如雨后春笋般出现,竞争压力很大。

刚起步的时候,比尔将公司挂在另外一个比较知名的公司旗下。不过,比尔的网站比这个大公司发展得更好,并且很快就盈利了。万万没想到,这家大公司很快开设了一个相同的网站,与比尔展开了激烈竞争。

而且,新网站利用比尔已经成熟的网站分割市场,这让比尔愤怒至极。最后,他和总公司闹翻了,愤然离职。

这件事让比尔明白,寄人篱下只有任人宰割。随后,他开始单干,虽然很辛苦,却很快培养了公司实力和员工基础。起初,比尔被人看不起,到处碰壁,也欠下了很多钱。

面对压力和挫折,他调整心态,保持良好的情绪,积极应对工作中的挑战。最终,公司在竞争中学会了生存,在挫折中练就了应对危机的能力,一步步发展壮大。

这个世界没有成功的公式可以套用，没有任何一个成功的例子可以被复制。自己的路要靠自己走，失败在人生路上无可避免。失败不可怕，可怕的是经历一次就万念俱灰。要知道，成功是在失败的废墟中开出的花朵。不怕失败，在磨难中锻炼永不屈服的能力，你就是最后的赢家。

人们面对挫折和打击，很容易产生消极情绪——害怕黑暗中隐藏的危险，然而坚强的人会举着火把前行。内心充满希望的人，会想办法迈出每一步，在失败中悟得成功的真谛。不经历风雨，怎能见彩虹，在失败中心存勇敢和信心，在跌倒中进步，在失败中求索，人生会变得异常精彩。

> 面对跌倒，有人在逆境中成长，有人却在泥坑中一蹶不振。消极情绪会影响你做出正确的选择，因此积极面对人生的磨难，你就会变得强大起来。

世界更偏爱有力量的人

困难像弹簧，你弱它就强。生活给了你苦难，其实是一种考验——如果你懦弱、胆怯、妥协，那么这个世界不会对你微笑，更不会给你拥抱。当你羡慕别人有甜美的爱情、称心的事业时，别忘了看看他们当初是怎么面对挫折的。

世界对任何人都是公平的，只不过它更加偏爱有力量的人。所谓"有力量"，并非指身强体壮，而是指陷入逆境的时候，能够保持积极乐观的情绪，勇敢面对挑战，战胜挫折。

内心有力量的人无所不能，他们在积极情绪的驱动下，会在行动上带来惊人的改变。因此，保持顽强的意志，用良好的心态面对一切，自然容易得到好运的垂青。

年轻的时候，考古学家谢尔曼曾在一家公司工作，由于业绩突出，收入颇丰。经济实力大增，谢尔曼准备向暗恋已久的著名好莱坞女星敏娜求婚。但是，此时的敏娜已经和别人有了婚约。

对此，谢尔曼非常懊悔。没能挽回期待已久的爱情，这无疑是一个沉重的打击。好在谢尔曼是一个内心强大的人，感情上受挫以后，他把精力全部投入到了商业活动中，在国际贸易方面获得巨大收益。很快，他便成了世界级的富翁。

金钱上的满足并没有让谢尔曼失去自我，反而让他更加严格要求自己。他重新拾起了年幼时的古希腊语和拉丁语，因为做一个优秀的考古学家是年少时的一个梦。

随后，谢尔曼勤奋学习。为了专心地从事发掘特洛伊遗迹工作，他在42岁那年放弃了商业经营，全心全意地投身考古事业。有人不理解这种选择，谢尔曼说："现在我所拥有的财富已经无比丰厚，我现在想做的是实现少年时的梦想。"

当金钱不再成为谢尔曼的生活主题时，他寻找到了另一片天地，让人生变得更有意义。就这样，他把后半生都投入到挚爱的考古事业中。

谢尔曼说："我也是下了很大的决心才决定放弃手头的生意，转而从事考古事业。拿后半生做赌注，承担任何一种结果，我无怨无悔。"最终，谢尔曼实现了自己的考古梦，特洛伊遗迹的出土标志着他为世界考古事业作出了突出贡献。

谢尔曼的一生有过几次重大挫折，但是他没有畏惧不前。面对困难，他表现出一个男人应有的坚强意志，选择勇往直前，展示了有力量的人生。无论环境怎么变，谢尔曼顽强的拼搏精神不曾变，他始终都不曾是一个软弱的人，努力向世界证明自己是一个有力量的人。世界对他也投以微笑，既能把生意做得风生水起，也可以在考古方面有所建树。

法国著名作家福楼拜说过："你一生中最光辉的日子，并非是成功的那一天，而是能从悲叹和绝望中涌出对人生挑战的心情和干劲的日子。"

文艺复兴时期的雕塑大卫，体现了一种人体力量之美。可是它并不是仅仅指表面上的肌肉力量，更深层次的含义是人类在文艺复兴时期面对黑暗的中世纪和宗教压迫，那种敢于反抗、勇于突破的力量。

一个人可能外表柔弱，但内心必须强大无比。那些在寒风中辛勤劳作的人们，他们用心灵上的力量激励自己，改变命运，不曾陷入消极情绪。世界被他们的勤奋、坚强打动，回报他们明媚的阳光。

> 面对困难就像与疾病抗争，它会消磨你的意志，让你情绪低落。内心强大的人懂得转换心情，愉悦地面对各种艰难，让人生充满力量。

苦难时，学会用左手温暖右手

人在情绪低落的时候萎靡不振，这是因为压抑、失落的心情得不到释放。经受苦难时，除了及时与外界交流沟通，得到各种帮助，很重要的一点是学会自我激励，消除不良情绪的干扰。

遇到麻烦事，少不了父母、朋友的帮助，但是做到自立自强始终是内心强大的基石。许多时候，你注定要一个人面对所有的事情，必须独立作出一些承诺和选择，必须孤独地承担一些痛苦和挫折。于是，你必须学会自我疗伤，学会用左手温暖右手。

威廉发现妻子出轨了，对第三者充满了恨意。这一天，他看见那个男人独自走在大街上，愤怒之下开车踩足油门朝对方冲过去。

男人被撞成了高位截瘫，威廉也把自己的后半辈子交给了监狱。虽然已经复仇了，但是入狱后的威廉依然对这个世界充满了怨恨。他经常和狱友打架，不愿与人来往。

一个冬天的晚上，大家都在睡觉，突然间地动山摇。所有的人都被惊醒，警报拉响，地震了！牢房顿时乱成了一锅粥，地面开始晃动，房屋的墙壁也开始脱落。突然，一个维持秩序的狱警被压在了倒塌的铁架子下面。

此时，牢房裂开了一个巨大的口子，其他的狱警都在解救牢房里的犯人。威廉知道，这时候逃跑简直轻而易举。但是，这个念头只在他的脑海中一闪而过，随后便投入到救援中去。

在这次地震中，威廉先救下了那个被压倒的狱警，然后又帮助挖掘废墟中的狱友，最终因为杰出表现被减刑3年。这给了他极大的鼓励，对以后的日子燃起了新的希望。

威廉的表现再次得到了狱方的认可，又获得了两次减刑。后来，威廉被提前释放。已经人到中年的他回到家乡，用自己在监狱中学到的手艺谋生，开了一家电子修理厂。不久，他遇到了一个离异的女人，两个人重新组织家庭，过上了平淡而幸福的生活。

命运掌握在自己手中，威廉的经历充分证明了这一点。当年因为冲动，伤害了别人，最后锒铛入狱；本来可能一生都要在狱中度过，但是机缘巧合的地震又给了威廉一次选择。正是这一次，他选择积极面对人生，一步步走上了正轨。

遭遇重大挫折与磨难，有的人无法重新站立起来，心灵因此沉沦。有的人能够及时调整情绪，选择积极面对未来，他们在自我修炼过程中变得强大，找回了全新的自我。由此看来，挫折与失意并不可怕，可怕的是心理失衡，在沉沦中自暴自弃。

陷入磨难的时候，或者做错了事情，内心会充满自责，或者会不置可否。外界怎么帮助和关爱，都未必能帮到你。在人生低谷，学会用左手温暖右手，呵护心头的良知与希望，未来的日子终能迎来灿烂的阳光。

> 困苦的时候要学会自我抚慰、激励，走到室外呼吸新鲜的空气，接受阳光的沐浴，爬爬山，看看书，听听音乐，让自己心灵中的另

> 一个我说话。学会自我安慰，自我救赎，用积极的心态面对世界，就能走出困难，获得重生。

无论失败多少次都不放弃

失败者和成功者的区别究竟在哪里？是学识还是经验？不同的人有不同的理解，但是有一点不容否定，那就是成功者无论遇到过怎样的挫折，都能坚持最初的理想，凭借坚韧的意志战斗到最后，由此赢得了胜利。

显然，失败的打击让人精神萎靡，无法振作起来，情绪也低落到极点。如何面对失败打击，确实考验着一个人的心智。许多时候，只要调整情绪，积极地想办法，任何难关都能闯过去。陷入逆境，千万别忘了：坚持就是胜利！

早在1877年，爱迪生便开始了改革弧光灯的试验。而要达到试验的目的，就必须找到一种能够燃烧到白热的物质作为灯丝。究竟哪一种材质具备这种特性呢？没有人知道，唯一的方法就是一遍遍地尝试。

爱迪生昼夜不停地做实验，淘汰了一种又一种材质，始终一无所获。这时，有人对他说："想要用电灯驱走黑暗真是太难了！"爱迪生却坦然地说："不！我已经进行了上千次实验，知道了上千种材料都不适合做灯丝。"

显然，这并没让爱迪生沮丧，因为他不能把时间浪费在自怨自艾上面。后来，爱迪生从失败中吸取教训，并经过不懈努力，终于采用钨丝给人们带来了光明。

一些人认为"上千次失败的实验"是负担，证明"电灯"是不可行的发明创造；而爱迪生则善待自己的失败，并认为它们是难得的经验累积，最后终于赢得成功。面对失败，爱迪生始终保持着斗志，积极从试验中寻求机会，这种良好的情绪状态为最后的成功奠定了基础。

所谓"态度决定一切",说到底是一种心理状态。如何对待身边的事务,反映了一个人的情志与心性。在顺境中每个人都会表现出积极乐观的一面,唯有面对失败才能考察一个人的魄力和心理特征。

在逆境中心理失控,不懂得"坚持就是胜利",正是很多人失败的根源。无论在遥远的历史长河中,还是在当下,那些成功者都是善于掌控个人情绪的人。他们看惯了世间的风云变幻,参透了人情冷暖,所以有一颗积极向上的心,无论面对怎样的逆境,都能在坚守理想的过程中苦尽甘来,最终成就了伟业。

英国首相丘吉尔是一位优秀的演说家、政治家和军事家,他带领英国人民赢得了二战,重建了家园。他最为出名的一次演讲是在剑桥大学的一次毕业典礼上,整个会堂几万名师生静候在那里。然后,丘吉尔只说了一句话:"Never give up!"永不放弃,场下响起雷鸣般的掌声。

在那个特殊的年代里,别说什么苦难了,人的生命甚至都得不到保障,而要坚持下去,赢得战争的胜利,唯有永不放弃。丘吉尔用自己的意志和信念感染了台下听众的情绪,唤醒了大家的斗志。

今天,年轻人创业通常会遭遇失败,多数原因是在第一个月的时候就已经坚持不下去了。一个月,半年,三年,十年,做任何事情都是一个循序渐进的过程,没有坚持下去的恒心,就不会有成功一刻的喜悦。

有些人将放弃当做一件很平常的事情,渐渐的,放弃便成了他的习惯。一次长途旅行,他便受不了旅途的无聊;一门半年的语言课程,他也因为枯燥难懂而不想继续;甚至是一次学习做饭的机会,他都会因为材料繁杂而转身离去。如果对生活中的任何事情都没有了坚持的动力,那么自然一事无成,生活也会充满灰暗。

> 坚持不下去,源自内心的一种恐惧和浮躁情绪。这样的情绪状态对工作、学习都不利。放弃各种杂念,让自己变得积极乐观,就容易专心做好眼前的事,自然容易逐渐摆脱厄运。

> 第十八章

恐惧情绪：在不安的世界里，找回内心的安全感

正常的恐惧情绪是一种自我保护机制，无需过分担心，但是过度的恐惧会影响到生活。久而久之，甚至发展为恐惧症。面对不确定性的世界，极易造成内心的不安。这需要你找到外部世界与内心的平衡点，在不安的世界里找回内心的安全感。

在输得起的年纪，遇见勇敢的自己

生活中有许多事物让你感到不安，最应该做的是敲碎软弱，走出恐惧，摆脱迷茫。不要为了不属于你的观众，而去演绎自己不擅长的人生剧。"年轻"是人生最大的资本，不屈服、不将就、不妥协，骄傲着，勇敢着，微笑着，这才是你应有的状态。

人生最怕的不是换路走，而是只有一条路，你却还边走边犹豫，最后连这一条路也没能走好。有些年轻人缺乏自信，认为自己注定一辈子只能是个小人物，冷冻了自己对爱和美的渴望与追求，唯唯诺诺地长大。而美好的青春年华就这样被浪费，你没能遇到一个更好的自己。

如果把人生比作一场赌博，那么年轻时可以肆意挥洒筹码，无论压大压小，无论是赢是输，都有机会重新来过。因此，在这个输得起的年纪里，你要做的就是抛弃恐惧的情绪，勇敢地做自己。

苏菲亚是一个孤儿，很小的时候被亲生父母扔在了孤儿院门口。记忆中，她对这个世界从来都抱有挥之不去的恐惧感。她不敢和老师讲话，上课不敢发言，也不敢和其他小伙伴游戏，总是一个人默默地躲在墙角或者教室里。

父母的离弃给苏菲亚的心灵带来了极大伤害，以至于她对周围的人和事缺乏基本的信任感。而且，她还十分自卑，认为自己是这个世界上最讨人厌的小孩。于是，缺乏安全感充斥着这个小女孩的内心。

这种恐惧的情绪一直跟随苏菲亚上了大学，那是她已经 19 岁了。看着同学积极地参加校园里的各种活动，她很羡慕，但却始终没有勇气加入。老师注意到了苏菲亚孤僻胆小的性格，于是介绍她参加一个社团活动，那里缺少人手。苏菲亚一开始拒绝了，但是看到老师请求的眼神，便勉强答应了。

这是一个户外极限挑战的活动。同学们会尝试一些挑战个人身体极限或者心理极限的运动，比如海上蹦极、滑翔、攀岩、野外露营等。苏菲亚第一次站在蹦极台上的时候，感觉双腿完全失去了力量，开始往后退缩，但是所有的人都在鼓励她，还有同学先尝试了一下。

看到其他同学从台上纵身一跃，大叫着投入大海，苏菲亚感到十分震撼。她虽然仍旧有一丝恐惧，但是最终决定试试。苏菲亚紧闭双眼，双手交叉放于胸前，然后倏地一下跳了出去。本能的反应让她大喊起来，睁开双眼，立刻被眼前的情形惊呆了——景色是这么美丽，感觉自己在飞，心灵从来没有如此放松过。她打开双臂，甚至欢呼起来。

极限挑战活动结束后，同学和老师都为苏菲亚鼓掌，她开心地笑了。那一刻，她才体会到生活中原来有太多惊喜。自己还那么年轻，应该勇敢尝试，打破畏惧心理。

苏菲亚勇敢地迈出了第一步，体会到了突破自我的乐趣，战胜了恐惧心理。日本著名作家村上春树说过，"不管世上所有人怎么说，我都认为自己的感受才是正确的"。人们的感受来自亲身体验，大胆尝试才有体验的机会。

也许周围的人和事会影响你的判断，左右你的心情，但是永远不要让他人安排你的人生。青春就是一场探险，只有勇敢做自己，才能收获渴望已久的东西。即便在探险的过程中，你没能找到宝藏，但是仍旧会收获其他珍宝，比如友谊，勇气，和回忆。

> 害怕某些东西，是一种正常的心理。关键是，别让它长期控制你。人生只有一次，青春只有一次，不去勇敢尝试，永远无法成就非凡的自我。在输得起的年纪，活出人生精彩，青春才不会留下遗憾。

其实，你比想象中更强大

每个人都曾有过悲伤，也曾迷失过方向，但是只要心还在跳动，就还有希望。遇见任何磨难，都不要轻言放弃，因为你远比自己想象的更强大。

大文豪莫泊桑说过，"生活不可能如你想象的那么好，但也不会如你想象的那么糟。人的脆弱和坚强都超乎了自己的想象。有时，我可能脆弱得一句话就泪流满面；有时，也发现自己咬着牙走了很长的路。"

凯洛琳生活在纽约上东区，母亲早年离世，父亲是有名的风投家。可以说，她是含着金汤匙出生的，从小到大没有经历过一天苦日子。她甚至不知道有公交车，因为出门全部都是司机专车接送。

此外，凯洛琳在贵族学校读书，结交的朋友也都是商界、政界名流，还有好莱坞的明星。在他人看来是梦幻般的生活，对凯洛琳来说却是极其平常的日子。然而天有不测风云，父亲因为商业诈骗被捕入狱，所有财产全部用于还债，并且还欠了一大笔债务。

突如其来的剧变让凯洛琳不知所措。大别墅不见了，小跑车也没有了，甚至连漂亮名贵的衣服、珠宝也都被没收了。更悲惨的是，曾经的朋友都和她划清了界限。一夜之间，生活天翻地覆，凯洛琳不得不从富人区搬到了平民区。

起初，凯洛琳以为自己肯定过不了这种平民的日子，绝对熬不过没有大把金钱的生活。可是，为了给父亲还债，她不得不找了一份快餐店服务员的工作。刚开始的时候，她手忙脚乱，不是记错了订单，就是打翻了茶杯，经常被经理责骂，还要被扣工资。起初，凯洛琳只是委屈地哭，但是很快发现这根本没用。无论怎么哭泣，也要把烂摊子收拾干净，并且不会因为眼泪而得到别人的同情。

随后，凯洛琳变得坚强起来，做事也麻利多了。她把在高等学府培养的气质带到工作中，结果收到消费者的喜爱。渐渐的，她竟成了店里的招牌，可以独当一面了。她不再哭泣，虽然偶尔还要被责骂，但是已经学会了在逆境中成长。

三年后，凯洛琳完全不再是富家千金的样子，她凭借出色表现得到总公司赏识，最后做了店长。回顾这段日子，凯洛琳从没有想过自己可以熬过来。刷盘子，扫地，收钱，一天微笑十几个小时，这些几乎是她从来没做过的事情，现在居然可以做得这么得心应手。凯洛琳说："我从来没有想到过，自己可以这么强大。即便是家里破产，也没能打垮我。"

过惯了奢华的生活，当这一切都不存在了，不必恐惧。也许你认为自己无法忍受平常的日子，但是只要有勇气面对，就会从容应对未来的挑战。

人的潜能是无限的，有待慢慢发掘。艰难困苦磨练人的意志，在危机中产生发明、发现，都屡见不鲜。战胜危机的人是那些敢于超越自己，而且没有被危机征服过的人。一旦你有勇气直面困难、邪恶，呼喊它的名字，一切就变得不再害怕。

对过去不必悔恨，对未来不必恐惧。坦然接受眼前的事实，尝试着努力应对挑战，没有什么能阻挡你前行的步伐。找到那个具有强大生命力的自我，没有人可以否定你的能量，只不过你不曾发觉而已。

> 人生中的所有挑战都是心智的较量，唯一真正的对手是自己。有些事，不逼自己一下永远不知道会走到哪一步。胆怯恐惧的情绪不宜跟随太久，勇敢走出第一步，你会感谢勇敢和坚强的自己。

深沉与非理性是恐惧感的特质

在心理学上，恐惧是一种消极情绪，有其独特的价值。小孩子遇见陌生人，因为恐惧感产生警戒，这是一种自我保护。恐惧的情绪可以指挥人们在危险的时候行动，比如选择逃跑。事实上，恐惧的产生来自一种对于未知的非理性判断。

通常，恐惧感强的人在人前表现得比较深沉，他们尽量避免卷入太多的是非，也不太想接触更多的人。他们认为，不确定性因素越多，心中就越没有把握，这会加重恐惧情绪。

克里斯汀是个挪威姑娘，虽然生长在沿海之地，但是她不会游泳，而且非常怕水。为什么对水充满了恐惧？克里斯汀也不清楚。每次和朋友们去海边，她都很纠结。既想跳入大海和大家一起玩，又害怕海水将自己吞没。大家都嘲笑她是挪威的异类。

皮特是一个很有天分的小提琴手，从小就表现出极高的音乐天分。小小年纪，他的小提琴演奏水平就达到了世界级水准。然而，他有一个致命缺点，那就是不敢登台演出。平时，皮特只能在几个人面前演奏，而且观众必须是自己熟悉的人。一旦面对太多陌生人，他就会慌乱不堪，无法进入状态。

很多人无法解释自己莫名其妙的恐惧感。南希参加工作后，很长时间都会重复一个同样的梦——她又回到了高中时代，马上就要进行期末考试，可是没有做好充分准备，于是慌乱地翻看书本，却发现自己什么都记不起来。恐惧感充斥了全身，她甚至在梦中哭醒。

每个人随着年龄增长，都会有不同的恐惧感，有些存在于潜意识中，无法被察觉到。如果恐惧感在年轻时没有及时得到排解，那么随着时间的推移，会进一步加重，越来越强烈。

其实，每个人心里都住着一个小孩子，恐惧感正是那个情绪化小孩的显著特征。如果我们能够了解内心那个小孩的恐惧，就能有效地纾解自己的情绪。从较高的知觉层面来说，大部分恐惧感只是来自于幻觉，或者与过去的事情有关。明白了这一点，就容易从中走出来。

但是，倘若不能正视恐惧的对象，那么恐惧感就会愈演愈烈，在血液中暗流涌动。为了避免或化解这种情绪，需要我们从"深沉"和"不理性"这两点入手，寻找出路。

一个人"深沉"，往往源于不愿与外界接触。人是社会性动物，不能独居，必须与他人打交道。多参加集体性活动，显然有助于获得安全感。在校园里，可以多参加社团活动，以及志愿者活动。在工作中，可以多参加同事聚会，或者周末郊游。这些都有助于提升交往能力，从而避免自我封闭式的深沉。

而不理性情绪来自于无知。知识水平越高的人，越能够理性地对待世界上的人和事。因此，你需要多看书，多学习，开阔自己的视野，了解更多未知的事情。一旦对这个世界有更多了解和认识，就不会产生过分的恐惧感了。

> 每个人都会有深沉、不理性的恐惧心理特质。适当的深沉是对自我的一种反思，适度的不理性可以给生活带来刺激。不过这些必须是暂时的。克服恐惧心理，必须摆脱无止境的深沉和不理性。

承认恐惧是接受恐惧的开始

你为什么会感到害怕？为什么不敢挑战自我，不敢追逐梦想？恐惧心理就像影子一样，总是伴随左右。事实上，每个人都有特定的恐惧对象，只不过不轻易察觉罢了。

如何克服自己的恐惧心理？首先要接受"恐惧"客观存在这一事实。承认恐惧是消除恐惧的重要一步。承认了内心的恐惧，你就能够与之谈判，并最终战胜它。事实上，承认恐惧的客观性，接受内心存在的恐惧感，才能准确了解"为什么害怕"。

一个美国人和一个犹太人组成了家庭，生了一个可爱的小男孩比尔。比尔长到三岁的时候，发现妈妈经常做一种叫做"Kreplach"的食物——长相不是太讨人喜欢，甚至对小朋友来说有点吓人。所以，比尔每次都不敢吃，甚至不敢看。

"Kreplach"是犹太人的一种特色饺子，在外人看来会感觉有些奇怪。为了帮助比尔克服这种莫名的恐惧，妈妈告诉孩子"Kreplach"并不可怕，还把比尔带到厨房，教他如何制作"Kreplach"。

妈妈先给比尔一个面团，让他揉捏，然后问："你现在感觉害怕吗？"比尔回答说："不害怕。"比尔玩着面团，渐渐放松了。接着，妈妈切出一个小方块，又问："这没有什么可怕的，对吗？""一点也不可怕！"比尔一边揉面团，一边傲气地说道。

然后，妈妈将一点肉馅放入小方块的中间，继续追问比尔是否害怕。随后，比尔的回答仍然是"NO"。接下来，妈妈将一个角折向中央，又折了一个角，再一个角，最后一个角折起以后，比尔尖叫起来："这就是 Kreplach！"

妈妈说："没错，你刚刚亲自做了一个"Kreplach"呢！你还害怕它吗？"小比尔呵呵笑道，"一点儿都不可怕！"

比尔的恐惧来自对"Kreplach"的逃避，妈妈选择用循序渐进的方式让比尔一点点认识了"Kreplach"，最终消除了他的恐惧感。

恐惧产生的原因有很多，在一个充满压力、压抑、竞争的社会中，产生幽怨的心理，乃至对未来产生莫名的担忧和害怕，显得司空见惯。此外，出生环境也会给人的心灵带来不同的影响。比如，贫穷家庭出生的孩子会对贫困有极大的恐惧，因为家人可能因为没钱治病而死去。

小时候经历的一些事情，也会对每个人产生重要影响。比如，童年的阴影会隐藏在内心，潜移默化地发生作用，你甚至不曾察觉。所以，充分认识一个人不妨格外注意他在孩童时代的成长经历。

如果童年不幸遭遇了什么，也不要隐藏它。选择勇敢正视，通过向心理医生求助等方式找到根源，才能彻底消除内心的恐惧感。

> 恐惧心理不可怕，这是正常的情绪体验。找到引发恐惧的原因，并勇敢面对它，是消除恐惧心理的第一步。承认恐惧并接受恐惧，你会发现有些东西并不那么可怕。

在无法信任的熟悉世界中彷徨

恐惧心理往往来自于不信任。诚然，在这个复杂多变、人心叵测的社会中，每个人似乎都带着面具生活，我们很难看到他人真实的内心世界。这增加了人的不信任感，也让彼此之间产生了对不确定性的担忧。

无法相信眼前这个熟悉的世界，会让大家陷入焦灼，似乎身处一种幻境中。如果无法从外在的人和事那里获得安全感，必然在不信任中彷徨，生活没有一天安宁。这是许多人对外界与未来恐惧的重要原因。

凯瑞是一位大学体育老师，多年的教学经验让她发现了一个奇怪的现象。刚入学的大学生彼此之间存在很大的隔膜，他们不喜欢团队合作，而是各自为政。反映在体育课上，就是不愿意参加团体活动，比如篮球、足球、排球等，反而更喜欢壁球之类自娱自乐的项目。

对此，凯瑞询问过一些学生，为什么不愿意参加团体运动。同学们大多说："团体运动太危险，别人对自己的伤害更大，容易受伤。"凯瑞明白了，是大家对彼此的不信任，导致了内心的恐惧。于是，她决定给同学们好好上一课。

体育课上，凯瑞邀请大家做一个游戏。所有人是一个团队，每个队员都要笔直地从1.6米高的平台上向后倒下，而其他队员则伸出双手保护他。做好这个游戏，最重要的就是相互信任。

第一个同学站上去背对着大家，战战兢兢，久久不敢往后倒下。这是很正常的恐惧心理。要克服这一点，必须对队友充满信任。

最后，在凯瑞的鼓励下，这名学生完成了任务。当她躺在同学们的手臂里，睁开眼睛看到大家的笑脸时，每个人都明白了老师的用意，也都体会到了信任带来的安全感与幸福感。

在人的成长道路上，信任可以产生意想不到的力量。它可能就是参赛前父母、教练鼓励的话——"孩子，我们相信你"，但是足以安抚我们不安的内心。在信任背摔活动中，同学们消除了不信任，克服了恐惧，增进了团队友谊。

人际交往中离不开沟通，其目的就是增进信任。成功学家研究表明，一个正常人每天花60%到80%的时间在沟通活动上。如果我们时时刻刻都抱着怀疑的态度与人交流，那么必定十分辛苦，内心也得不到安宁。

沟通中的恐惧心理，来自于我们对人的不信任感。在社交的初级阶段，可能由于不懂社交礼仪而做出许多糗事。所谓"吃一堑长一智"，这没有什么害怕丢人的，可怕的是因此失去交流的勇气。

社交恐惧只是一只纸老虎，你越是躲着它，它就越紧跟在你身后。只有当你藐视它，并发起挑战的时候，你才能将其战胜。相信自己，相信别人，恐惧就不再相伴，生活也会充满乐趣。

> 现代社会快速发展，很多城市问题随之而来——道路拥堵，交通事故，高失业率，这些都增加人的恐惧感，甚至引发病态心理反应。不管外部世界如何变迁，多一份理解和宽容，就会少一丝彷徨与担忧。多一分信任，少一分恐惧，生活其实没有你想象的那么可怕。

> 第十九章

仇恨情绪：宽恕他人，其实就是放过自己

生活中难免与人结怨，如果无法解开彼此的心结，注定会在仇恨情绪中苦闷一辈子。一个人能够成就多大的事，就看他有多大的胸怀。放下仇恨，才能轻装前进。宽恕他人，其实也是放过自己。

仇恨是用变形的镜子看世界

当我们受人恩惠的时候，会心存感激，当然也有人视之为理所当然。总之，恩惠这种东西，于个人来说，只有好处，没有坏处。

可是，与人发生冲突时，受到了他人的辱骂、诋毁、殴打时，内心会感到仇恨。并且，这种仇恨情绪会与受到的伤害成正比。如果这种心理不能很快消失，得不到有效排解，就会在人的心中愈演愈烈，甚至产生复仇的冲动，而悲剧通常就是这么发生的。

一个人满腔怒怨地看待身边的人和事，就像拿一面变了形的镜子去照世界，人物面目都变了样。这种积怨映射在心里，如果慢慢发展就会引发强烈的不满。

心存仇恨就像背了一个包袱，压得人喘不过气来。仔细思考一下人生，这是你想要的生活吗？如果不是，为什么要这样折磨自己呢？

史宾赛夫人是一位看上去非常友好、亲切的女士，白天经常和社区里的家庭主妇们一起参加各种活动，也时常做一些煎饼和披萨分享给邻居。在大家看来，她是一个温和善良的妻子，可是也会不时地歇斯底里。

有时候，她会拿着菜刀、扫帚等在庭院里破口大骂。一开始，邻居们都以为她在和丈夫吵架，但是后来发现并不是这样。实际上，她在发泄一种怨恨的情绪。

原来，史宾赛夫人曾经被闺蜜欺骗过。当年，闺蜜给她介绍了一个商机，让她投资入股，结果不久闺蜜就消失了。一开始，史宾赛夫人完全不能接受这个事实，每天吵着要找到这个骗子，甚至口口声声说要杀了她。

后来，在药物和心理医生的帮助下，她渐渐恢复了平静的心理，但却没有根治心魔。在以后的日子里,她仍旧会不定期地发泄仇恨情绪,让人愕然。

显然,史宾赛夫人用仇恨绑架了自己,这么多年非但没能挽回损失的钱财,还把个人情绪搞得这么糟,简直在往自己伤口上撒盐。

西方哲人说过,当一个人打了你一巴掌的时候,你不但不应该生气,还应该将另一面脸转过来给他打。这虽然听上去很荒诞,但实际上表达了一种宽容大度。

与人相处难免发生摩擦,即使再要好的朋友之间也会发生口角。愤怒的时候,人们会本能地说出一些伤人的话,令对方愤愤不平,甚至产生仇恨情绪。因为摩擦对他人产生敌意,可以理解;但如果长期将这种仇恨铭记于心,就大可不必要,也实在不是明智之举。

一个人用脚踩扁了紫罗兰,而它却把香味留在了那人的脚上,这就是宽恕。你生活的世界长成什么样子,完全取决于你拿什么样的镜子去看它。如果拿了一面正常的镜子,那么会客观地看到世界的美与丑,会理性平和地对待万事万物。反之,你看任何东西都会心生怨愤。

用变形的镜子看世界,只有心生仇恨。如果用包容的眼光看世界,那么你的眼里只有美好的事物,心情也会舒畅起来。

> 仇恨情绪就像一把枷锁,只有自己才是那个手拿钥匙的人。有智慧的人会放下心中的仇恨,也放过自己,给心灵一片净土。

尝试着把怨恨留在身后

在怨恨情绪的影响下,人们会在心理上产生强烈的不满与愤恨。这种情绪有时会隐藏在内心,有时会爆发出来。无论以哪种形式存在,都会产生不良的负面效果。

显然，积怨长期埋于心底，就会形成心理疾病，影响人的精神状态。如果让怨恨爆发出来，通常会伤害他人，最终给自己惹来麻烦。内心有了怨恨情绪，如何消除它呢？

化解内心的仇恨，首要的一点是找到生活的意义。与人结了怨，即便报复了对方，内心也无法安然，恐怕一生都会背负沉重的包袱。生命的意义在于用心感受这个世界的美好，用平静的心情对待周围的人和事。唯有把怨恨放在身后，才能看见前面的彩虹。

2013年12月5日，南非总统曼德拉因病去世，这位一生都在致力于反种族隔离和黑人民族解放的战士，生前受到了全世界人民的敬仰。

早年，曼德拉因为领导反对白人种族隔离的政策而多次锒铛入狱，被囚禁了27年。白人统治者将其关押在大西洋中一座荒凉的小岛上。当时，已经年事已高的曼德拉遭到了监狱管理人员的残酷虐待。

白天，曼德拉将采石场的大石块碎成石料，身后有三个人监视。当然，对方总是找他麻烦，想方设法折磨他。曼德拉整日吃不好，睡不好，还要忍受监察者的拳打脚踢。直到1990年2月11日，他才被无条件释放。

1991年，曼德拉当选为南非第一位黑人总统。在就职演说典礼上，曼德拉做出了一个惊人的举动。他起身向来宾致辞，依次介绍完各国政要后，高兴地说："今天能接待这么多尊贵的客人，深感荣幸。最高兴的是，当初在罗本岛监狱看守我的3名狱警也能到场。"随后，曼德拉邀请三个人上台。

当时，很多人都不理解曼德拉的做法，但是他这样解释："年轻时，我的性子急，脾气暴躁。正是狱中生活让我学会了控制情绪，因此才活了下来。牢狱岁月给了我时间与激励，也使我学会了如何处理自己遭遇的痛苦。"

遭受27年的压迫打击，曼德拉都能够微笑面对，包容对方，甚至感谢对方在折磨中给自己带来的成长。曼德拉将怨恨远远地抛在身后，从来不受它们的干扰，所以他才会以饱满的热情和努力从事黑人解放事业，最终成为南非第一位黑人总统。

人的一生会经历各种艰难险阻，既有贵人相助，也有小人相伴。如果在小人那里产生了怨恨心理，带着这种情绪上路，以后的日子必然举步维艰。相反，如果能够从苦难折磨中放宽自己的心灵，将怨恨抛在脑后，那么人生道路就会变得顺畅、超然。

> 紧握拳头，抓住的只是空气；伸开五指，触摸到的将是整个世界。有时候，事情发生了已无法挽回，再去埋怨也于事无补。与其内心纠结于此，倒不如洒脱将其忘记。明确目标，大步往前走，让乐观包容的生活态度充实你的人生吧！

即使是尖锐的批评，也不要念念不忘

这个世界上没有人会对赞美之词说不，然而很少有人对批评之语说是。人人都喜欢听好话，这是人之常情。面对中肯的批评，如果能坦然面对而不记恨在心，相信对你大有裨益。

当然，批评也分不同程度。有些批评比较轻，涉及的问题并不严重，容易被大多数人接受。而有些批评可能过于尖锐，就不是每一个人都能释怀了。如果怀恨在心，伺机报复的种子就会在心底播撒。

一般情况下，尖锐的批评会涉及到人的尊严、面子，严重打击当事人的自尊心。由此，心中感到怨恨也属正常。最好的办法就是当面和对方说清楚，避免误会。

如果对方说的对，就虚心接受，并提醒对方采用正确的沟通方式，而不是言辞犀利。如果对方说的不对，大可不必理会，因为清者自清，众人自然心中有数。总之，不要将仇恨情绪蔓延开去，总是念念不忘。那样只会满足了对方的快感，损害了自己的感情。

梅西是一名德国律师，精通多国语言。二战爆发后，他逃到瑞典首都斯德哥尔摩，为了解决吃饭、住宿问题，不得不放低身段找工作。

他给当地多家公司投了求职信，说明自己会多国语言的优势，并且信件都是用瑞典文书写，并注明自己想谋得一份进出口公司秘书的工作。梅西本以为凭着专业优势，肯定能找到工作，但是事与愿违，大多数公司回信说，现在是战争时期，暂时不需要这类人才。

虽然是回绝信件，但是各家公司的措辞都比较客气，只有一家公司例外。

这家不友好的公司回复道："你对我们的了解完全错误，并且你的瑞典文写得一塌糊涂，公司根本不需要一个像你这样愚笨的秘书。"梅西看完这封信气急败坏，当下就准备回信与对方辩论一番。

但是，拿起笔的那一刻，梅西犹豫了。"我怎么知道这个人说的不对呢？瑞典文又不是我的母语，虽然自己学习过，也许有些错误一直蒙在鼓里呢？如果真是这样，这恰恰暴露了我的不足。我是不是应该感谢这个直言相对的人呢？"

想到这里，梅西照例写了回信，但是内容完全与最初的想法不同了。他在信中表达了自己的谢意，并且对自己搞错对方公司业务道歉。最后，还表明一定加强瑞典语言学习。

出乎意料，信寄出去之后，没过几天，梅西就收到了这家公司的邀请函，让他入职。

面对陌生人的尖锐批评，梅西愤怒了，甚至开始仇视对方。但是，他及时转换了心情，调整了情绪。更难能可贵的是，他非但没有将批评放在心上，还从中反省自己的不足，虚心接受之余感谢对方。最终，梅西凭借虔诚的态度收获了一份工作。

在我们身边，很多人无法善待批评自己的人，因为听到不友好的言辞而心生仇恨，这样的情形太常见了。放不下面子，不肯承认自己的缺点，所以责怪对方言辞犀利。嗔怪之下，无法原谅和宽恕对方，其实是不肯放过自己。

《圣经》上说:"怀着爱心吃青菜,也会比怀着怨恨吃牛肉好得多。"怨恨情绪会伤到自己,既然对方已经让你感到不愉快,那又何苦再用怨恨情绪让自己更受折磨呢?

生活中的每一天都应该开心、自在,别让那些意外的声音影响你的生活轨道。永远不要试图去报复那些批评你的人,当你放下仇恨情绪的时候,你也是在善待自己。

> 不让他人的意见左右你的生活和想法。面对尖锐的批评,如果念念不忘,甚至为此懊恼、怨恨,无异于放大仇恨,让自己没有好日子过。

身上不要永远背着仇恨袋

仇恨来自多个方面,也许是遭到了对方侮辱、打击,也许是亲人或朋友遭受了诋毁。因为受到外界攻击而愤怒,进而产生仇恨情绪,是正常的情绪反应。但是时过境迁之后,别永远背着仇恨袋,那是一种负荷。

哲学上讲究辩证法,凡事都可以转换。别人说了什么,做了什么,如果有积极的意义,那么可以关注一下;如果给了你一个仇恨的袋子,让你无法呼吸,还是趁早扔掉为好。把有限的精力投入到有意义的人生中去,才是正确的选择。

在西方社会,流传着这样一个寓言故事。富翁有三个儿子,日子一天天过去,孩子长大了。他决定将财产全部留给其中一个儿子,究竟给谁呢?最后,富翁想了一个办法,让三个儿子分别去游历世界一年,看谁能做成最高尚的事,那么就可以继承自己的财产。

三个儿子照着父亲的话去做了,并在一年之后回到家里。这一天,富翁把三个儿子召集到一起,让他们讲讲这一年都经历了什么。

大儿子得意地说:"我到一个贫困落后的小村庄旅行时,碰到一个乞丐掉进河里。于是,我奋不顾身地跳进河里,将其救起,还给了他一笔钱。"

二儿子不甘示弱地说:"我在游历的时候遇到一个陌生人,他十分信任地将钱财交给我保管,结果意外身亡。但是,我没有独吞那份钱财,而是全部还给了他的家人。"

富翁听了点点头,又问三儿子遇到了什么事。

三儿子说:"我没有遇到哥哥们的事情,我一出门就碰到了一个坏人。他想抢我的钱,一路跟着我。经过悬崖时,我看到他正在崖边的树下睡觉。当时,我只要一脚把他踹下去,就可以免除麻烦。但是,我放弃了,转身离开。后来,又担心他会跌落悬崖,于是回去把他叫醒了。这算不算高尚的事情呢?"

富翁听完说:"见义勇为,拾金不昧,都是道德赋予每个人应该做的事情。而有机会报仇却放弃,还能够帮助仇人,这才称得上是高尚的行为。"

于是,三儿子继承了富翁的财产。不过,随后他仍旧把财产平分给了两个哥哥,令富翁啧啧称赞。

别让生活中的误解和矛盾打扰你,更不必为此耿耿于怀,甚至对他人怀恨在心。人生就是不断地赶路,何必背着那么多仇恨的袋子呢?宽容伤害你的人,甩掉内心的嗔怪情绪,做到微笑前行,你会成为最快乐的人。

不让仇恨的情绪缠绕你,最好的办法就是将其转化为一种包容心理。战胜敌人不是最大的胜利,感动对方、化敌为友才是大智慧。法国大文豪雨果说过,"世界上最宽阔的是海洋,比海洋更宽阔的是天空,比天空更宽阔的是人的心灵。"一个能够放下仇恨袋子,包容他人,不管在任何地方都会交好运,拥有美满的人生。

> 放下仇恨,学会包容,是一种至高无上的美德。她洗涤人的心灵,帮你跨越一切河流、山川,找到新生。

第二十章
猜忌情绪：对心灵来说，相信比怀疑要轻松得多

猜忌心理即自我牵连倾向过重，对任何人和事都过分敏感、怀疑。猜忌是人性的弱点之一，历来是害人害己的祸根，是忧郁苦闷心灵的伙伴。相比猜忌，相信要使人轻松得多。

不揣测是最高程度的自尊

猜疑心重的人喜欢揣测别人的想法，而一旦掉入猜疑心理的漩涡，必会神经过敏，事事捕风捉影，对他人失去信任，对自己也妄自菲薄。以这样的心境生活，容易伤害正常的人际关系，也影响个人身体健康。此外，无端揣测还带来个人自尊的丢失，因为你会在猜忌他人中做出有伤大雅的行为。

生活中，一些猜疑心理很重的人大多表现得忧心忡忡，眼神游离，对周遭一切都保持一定距离，并且还在背后说他人的坏话。这必然要损害他们的社会形象，遭到他人的排斥，进而影响其工作和生活。

威廉大学毕业之后来到一家外贸公司上班，公司刚成立不久，组建了一个4人团队，负责跟进某个供应商。由于是和遥远的泰国供应商合作，所以四人团队中有一个泰国人，名叫麦克。

起初，威廉和大家每天忙得焦头烂额，不断地做社会调查，搜集对方的各种资料，做市场评估，目的是在谈判中降低价格。四人之中有一位前辈，信心十足地说，降价30%应该没有问题，还例举往年的经验，说得头头是道。

一个早上，威廉一觉醒来之后，收到麦克的邮件——已经和供应商谈好了，降价5%。当时，其他人几乎崩溃了，然而麦克却说，这是供应商可以接受的最高降价空间。

之后，威廉和其他两个同事对麦克充满了猜忌，揣测他肯定中饱私囊了，做了黑幕交易，否则价格怎么只降了5%呢？以后的日子里，威廉一直对麦克心存芥蒂。

半年后的一次培训中，威廉碰到了那位供应商代表。两个人聊天，对方说："你们公司的麦克真是个狠角色啊！本来，公司没有给出任何降价的空间，可是麦克足足在我们工厂待了两个星期，帮忙重置了生产线，优化了产能。最后，我方才给了你们5%的折扣。"

威廉听完无地自容，非常惭愧。因为自己的胡乱揣测，冤枉了一个优秀的同事，也让自己失去了向伙伴学习的机会。

自己无端揣测他人，一旦被证明是错误的，这无疑好像被打了一个耳光。许多事情不是表面上看起来那么简单，世界之大，人心之复杂，超出了人们的想象。你可以怀疑一切，但是不能把这种猜度当做定论，影响自己的判断和决策。否则，在猜度心理与情绪的影响下，你会走向迷途。

揣测心理是单方面看待一个人、一件事，不科学，也缺乏充分的理由。由于各种条件的限制，人们只能看到冰山一角，就如盲人摸象，无法触摸到事情的全貌。这是一种偏狭、自私的认知，会让你失去公允的判断。

在揣测心理的影响下，人在情绪上会变得傲慢，形成特定的偏见。成为一个非理性的人，你又怎能期待他正确、理性地做事呢？

> 妄加揣测，对他人是一种不尊重。一旦在这种情绪中失去理性，不仅会失去智慧，也会丢了尊严。面对无法理解的事情要调查、研究，尽量做到不猜测，不乱评论。抛弃揣测的心理，系统地看待事物，既是尊重他人，也是尊重自己。

搬掉猜疑这块石头

猜疑心重的人总觉得有人在背后说自己的坏话，有时即使某个朋友对自己稍微冷淡了一些，也会怀疑对方怀有敌意。猜疑就像一块石头，压在人的心头，令人无法轻松地交流，逐渐变得闭塞，郁郁寡欢，失去信心，最后消极厌世。

现代生活压力很大，许多人不仅身体上出现了一些亚健康状况，心理上产生了各种疾病，猜疑就是其中之一。

听见两个人窃窃私语，怀疑对方在说坏话；被人多看了一眼，觉得对方图谋不轨……当一个人疑心到这种程度，显然出现了严重的心理障碍。这时候，恐怕正常的生活、交际都无法顺利进行。

《奥赛罗》是莎士比亚四大悲剧之一，讲述的是因为猜疑心过重而酿成惨剧的故事。主人公奥赛罗是威尼斯公国的一员勇将，与元老的女儿苔丝狄蒙娜相爱了。但是，因为奥斯罗是黑人，这门婚事未得到元老的允许。两个相爱的人勇敢逃出家族藩篱，私订终身。

奥赛罗手下有一个阴险的旗官尹阿古，一心想除掉奥赛罗。于是，尹阿古向元老告密，但是未能成功。他不死心，又想方设法挑拨奥赛罗和苔丝狄蒙娜的感情，造谣说苔丝狄蒙娜和一名副将关系不清不楚，还伪造了两人的定情信物。

这件事传到奥赛罗的耳朵里，他竟信以为真，对妻子充满了猜忌和怀疑。后来，他看到妻子的任何行为都能联想到偷情。奥赛罗猜疑心越来越重，最后居然亲手掐死了苔丝狄蒙娜。后来得知真相时，奥赛罗后悔不迭，他无法接受自己的愚蠢行为，拔剑自刎。

这一悲剧的发生，当然是由多方面原因造成的。如果没有尹阿古从中作梗，事情也不会发展到这个地步。但是，奥赛罗的猜疑心重无疑是最关键的诱因。倘若他相信自己的妻子，或者亲自去调查，完全可以避免悲剧发生。毫无疑问，猜疑之心破坏了幸福的生活，断送了两个爱人的性命。

英国哲学家培根曾经说过："猜疑之心犹如蝙蝠，它总是在黑暗中起飞，这种心情是迷惑人的，又是乱人心智的。它能使人陷入迷惘，混淆敌友，从而破坏人的事业。"猜疑心强的人通常非常敏感，听到风吹草动就大做文章，根本没有理性分析和判断。这不仅给身边的人带来麻烦，也让自己身心疲惫不堪。

面对复杂的社会与人生，多一丝怀疑精神无可厚非。但是，如果对任何人都失去了信任与理解，遇事无法保持冷静的头脑，不能理智地思考问题，就会对外部世界失去正确判断。太多的猜疑只会给生活带来无尽的痛苦，学会相信别人确实是一种能力。

> 在意他人对自己的看法，是一种正常的心理。然而，过度猜忌他人，就容易在胡思乱想中迷失自我。扔掉猜疑这块石头，保持清醒的头脑，多一点自信和信任，生活可以更轻松。

相信自己不是无用之人

研究表明，猜疑情绪大多源于内心的不自信。听到别人谈论话题，会本能地认为在嘲笑自己，所以对每个人都充满了戒备之心。

显然，消除猜疑心理应该从相信自己做起，相信上帝创造每一个人都有它的道理。每个人来到这个世上，必有他存在的理由。世界上没有两片完全相同的树叶，人也一样。善于发现自己的独特之处，找到自己的闪光点，有助于变得积极自信。

自卑的人大多妄自菲薄，任何时候都缩在一角，不敢表现自我。如果始终有这种心理，很难有大的作为，生活也会变得灰暗——凡事都在别人的影子下进行，听别人指挥。

生命掌握在自己手中，你应该相信自己的才能，不断挖掘身上优秀的品质，克服自卑心理，相信自己不是无用之人。成为乐观自信的人，就不容易染上猜忌情绪了。

提起1929年世界经济大危机，许多人印象深刻。当时，美国总统罗斯福成功带领国民度过了这场危机，受到世人敬仰，一度连任四届总统，创造了美国政坛上的奇迹。鲜为人知的是，这样一个强大的领导者在童年时期竟然是一个自卑的人。

小时候，富兰克林·罗斯福身体虚弱，经常被小伙伴欺负。这造就了他胆小怕事的性格特点。平常，他害怕见到陌生人，总是一副惊恐的表情。在校园里，他习惯一个人打发时光。课堂上，老师让他朗诵课文，也会令其紧张慌乱，语无伦次。结果，这招来更多嘲笑声，又加剧了他的自卑心理。

如果继续发展下去，小罗斯福很可能患上自闭症。幸运的是，他选择了积极面对，走出了不自信的泥潭。后来，面对同学们的嘲笑，罗斯福告诉自己："我一定要成为一个坚强自信的人，这个世界一定有我的位置！"

此后，罗斯福强迫自己参加各种活动——运动会，读书会，为的就是挑战自我，克服自卑。最后，他在辩论学会中找回了自我。业余时间，罗斯福还积极参加健身运动，身体日益强壮起来。精神和体质日益强劲，帮助罗斯福在政坛一路冲关，最后登上了美国总统宝座。

每个人都有缺点，但是这不是你否定自我的理由和借口。即使存在缺陷，只要你能够改变想法，用一种平和积极的心态面对自我缺陷，就能够跳出自卑的阴影，重建个人优势，在人生舞台上找到属于自己的位置，实现生命的价值。

人们喜欢攀比，并因此变得悲观失望，最终心思敏感，容易猜忌他人。看到别人功成名就，开始怀疑自己的能力。这时候，你尤其需要一颗强大的心，选择逆势而上，找寻自我生命的价值。

世界对每个人都是公平的，它为每个人都预留了位置。请相信，你可以变得不普通，你是有用的人。内心坚定了，信念有了，就不会怀疑一切，生活就会变得安宁淡然。任何时候，相信自己都是最重要的事情。

> 一个人如果连自己都不相信，那么谁又会相信你，给你机会呢？每个人都有不同的美，而自信的人所拥有的魅力是不可阻挡的。

最大的痛苦是不被人信任

信任是一种关系，能产生巨大的价值，在当代社会是一种无形财产。研究表明，人际信任的经验是由个人价值观、魅力、态度、情绪等交互作用的结果。

显然，被信任是一种幸福。当别人相信你的时候，哪怕是再细小的事情，你都会认真对待。而当你被别人怀疑时，内心会有挫败感，失去行动的热情，甚至产生不自信。

每天和不同的人打交道，如何赢得对方信任，而不是被对方猜忌，确实考验一个人的智慧。那些不被信任的人，无法赢得合作机会，无法实现个人价值，会情绪低落，甚至自暴自弃。当你不被信任时，需要查找原因，而非纠结于无关紧要的事，甚至猜忌对方居心叵测。

美国南北战争期间，南方种植园主拥有很多黑人奴隶，从事着残酷的贩卖黑人贸易。有一次，从美国南部驶往英国的邮轮上有一个黑人男孩，就是被贩卖的对象。他名叫罗恩，聪明伶俐，深受老船长青睐。

这天夜里，轮船在浩瀚无边的大西洋上航行。罗恩正在船尾做杂工，不小心跌进大海里。罗恩大声呼喊着救命，可惜根本没有人听到。轮船继续前进，罗恩只能拼命地一边游泳，一边追赶。

很快，罗恩用完了力气，冰冷的海水简直快让人窒息了。他感觉自己马上就要沉下去了，不禁想起了老船长。他坚信，拥有高尚品格的老船长一定会发现自己不见了，然后来解救。想到这里，他又燃起了活下去的希望。

果然，老船长发现罗恩不见了，断定这个孩子掉进了海里，于是下令掉头回去救人。水手们非常不理解:"已经过了这么久,海水寒冷刺骨,估计人早就死了。"

老船长听完犹豫了一下,最终还是决定回去找人。也有人质疑,为了救一个黑奴,这样做值得吗?船长被激怒了,大喊"你们都闭嘴"!

罗恩继续在海上游行,终于在即将沉没之前被救起来。过了好久,看到罗恩醒过来,老船长问:"孩子,你为什么能坚持这么久呢?"罗恩笑着回答:"我知道,您一定会回来救我的!"

瞬间,老船长听完,泪流满面。"孩子,是你救了我,我为自己那一刻的犹豫感到羞愧。"

在生命紧要关头被信任,这是极大的尊荣。老船长为自己曾经的犹豫感到羞愧,这是一种心灵的救赎。还好,当其他人怀疑罗恩是否活着的时候,老船长坚定了返回营救的决心。如果当初不这么做,老船长可能要后悔一辈子。

得不到外界信任,是一种痛苦。信任像一缕清风,能够吹散心灵的阴霾;信任像一条纽带,能够拉近彼此之间的距离。没有信任,人就会失去关爱,进而心理冷漠,情绪混乱,陷入无尽的悲观和失望中,失去生命活力。

由此看来,相信别人是一种智慧,猜忌他人无助于良好关系的建立。而当你不被信任时,一定要反思问题出在哪里,如何重建信任,尽快摆脱失信于人的尴尬和失落。

> 获得他人的信任,首先要对人真诚,真实地表达自己,抛弃猜忌心理。此外,有责任心,做事勇于负责,也容易成为值得信任的人。

第二十一章

偏执情绪：一较真你就输了，一认真你就赢了

"执着"是对一个人的褒奖，然而过分执拗于某件事，就会成为"偏执"。偏执情绪是一种过激心理体验，如果长期得不到排解，有可能成为一种人格障碍，降低幸福感与舒适度。

抛弃头脑中固有的偏见

单纯根据表象或虚假的信息做出判断，很容易产生偏见。如果形成误判，作出与事实不相符合的决策，就会说错话，办错事。因为信息不周全而误判还有情可原，如果心理上对外部人和事存在偏见，恐怕会吃大亏了。

在不良情绪的驱使下，人们用固有的偏见为人处世，无法看清事物的真实面目，会恶化与他人的关系，甚至带来惨重的损失。个人偏见浓重的人喜欢先入为主，这种思维定式严重影响人们的认知，无助于能力提升与局势优化。

眼睛的确很难准确判明所有事物，但是带着有色眼镜看人却是不可宽恕的。此外，事物在不断发展、变化，如果用固有的眼光看待问题，也会形成特定的偏见，作出错误决断。

卡尔是一个黑人小孩，从小生活在美国纽约贫民区。虽然黑奴制度早就废除了，但是歧视黑人的观念仍旧根深蒂固。

十几岁的时候，卡尔因为在街上闲逛被警察抓住，而后入狱，受到了非人的虐待。在监狱中，遭受打骂是常有的事。后来，他实在无法忍受，便选择越狱，去当兵了。

在部队里，卡尔苦练拳术，因为他认为只有让自己强大起来，才能不被欺负。黑人身体素质好，卡尔的拳术大有长进。

退伍后，卡尔开始打比赛，一时间风光无限。他获得了一个又一个冠军，成为了名副其实的拳王。本来应该过上安稳富裕的日子了，卡尔再次遭遇了牢狱之灾。

卡尔被腐化的警察诬陷，被判终身监禁，因为他们觉得一个黑人拳王会给社会带来危险。在监狱里，卡尔拒绝穿囚服，因为他不认为自己是有罪之人，结果遭到一顿毒打。

起初，其他狱友都畏惧卡尔，认为他是一个定时炸弹，会随意伤人。然而，相处一段时间后，大家发现卡尔是一个很有爱心的人，而且也很负责，不久大家竟然成了朋友。

在《偏见的本质》一书中，美国社会心理学家戈登奥尔波特对"偏见"有过描述，它是"没有充分理由而消极地评价他人"。显然，白人对黑人的认识还停留在黑奴时代，不去考据真实情况就妄下论断，结果形成了错误的认知，也给当事人带来巨大灾难。

受到偏见的影响，人们对世界作出缺乏理性思考的反应，盲目地行动，到头来误解了他人，也会伤害自己。令人担忧的是，很多人并没有意识到自己头脑中固有的偏见，仍旧在错误的道路上越走越远。

人们习惯用偏见代替理性思考，源于思维上的固定模式。抛弃头脑中固有的偏见，要学会谦虚为人，掌握科学思考的方法。此外，还要学会发展的眼光看问题，主动重新全面地了解外面的世界。

> 对每个人来说，最大的敌人是自己头脑中固有的偏见。虽然这种心理的产生有一定的原因，但是努力让自己成为一个理性、客观的人永远都不算晚。在漫长的人生中，让偏见遮蔽了视线，你会错过许多美丽的风景。

不因直性子而四处碰壁

世界上的人千差万别，性格多种多样，即便是双胞胎也会存在差异。有人活泼好动，有人文静如水；有人幽默，有人深沉……在众多个性中，直性子给人爱憎分明、直截了当的印象，似乎成了耿直、憨厚的代名词。

心无他物，直来直去，这在人际交往中很受欢迎。然而，凡事过犹不及，有的人口无遮拦，因直性子处处碰壁，尝尽了苦头。这又提醒人们不可过分偏执。

　　心性耿直本来是优点，但是如果不区分场合、时间表现出我行我素的一面，就会把局面搞砸。有的人懒于周密地观察环境，不肯思虑处世的方法，总是由着性子与人周旋，稍微不合自己的心意就大动肝火。与其说这是性格耿直，不如说是心性偏执，缺乏做人做事的诚意。

　　从心理角度分析，直性子太在乎自己的感受，而忽略他人的接受程度，似乎有点自私。直来直往，快人快语，实际上是不能自如掌握个人情绪的表现。一个不能控制自我的人，很难在事业上有所作为。遇事沉着镇静，方能处理好各种情况。

　　麦克和汤姆是一起长大的好朋友，两个人都是直性子，有什么说什么。在同学眼里，他们显得个性十足。然而，毕业后参加工作，他们却有了不同的境遇。

　　一开始，两个人在工作中仍然直来直去，给人心直口快的印象。然而，麦克很快调整了待人接物的方式，注意控制自己的情绪。

　　表面上，麦克还是那个直爽的年轻人，但在内心已经日臻成熟起来。开会的时候，麦克从不轻易讲话，也不随便评价同事的作为，而是深思熟虑，做好充分准备之后才主动发言。说话的时候，他也会措辞得当，语言婉转。结果，上司和同事都很喜欢麦克。

　　而汤姆在工作中没有丝毫改变，出处不拘小节，对任何人都直言不讳。开会时，只要听到和自己想法不同的意见，或者自认为不对的地方，他会直接打断对方，加以"纠正"。虽然有时候汤姆说得很对，但是执拗的做法令人难以接受。时间长了，大家都躲避着他。

　　一个人有多大的成就，不仅取决于个人能力，也与情商有很大关系。懂得控制自己的情绪，能够区分场合说话办事，这样的人更容易妥善处置各种关系和事务，赢得人心。反之，心性耿直而不懂得收敛，由着自己的性子做事，而不考虑他人的感受，自然无法得到拥戴。

麦克和汤姆的经历说明，不带着偏执情绪做事是多么重要。直言不讳地提出观点，并且不太讲究场合，这种心性的人往往在职场上撑不了太久。个性耿直的人很容易被误解，就是因为他们缺乏照顾他人感受的能力。

让不熟悉的人误解你，还在执拗地指责对方，还有比这更愚蠢的做事方法吗？执拗是一种短视行为，也是无法平复心绪、理性做事的表现。如果你还在为个性耿直沾沾自喜，那么现在有必要锻炼自己的情绪控制能力了。努力养成理性、沉稳的心性，不因直性子而四处碰壁，是迈向成功的第一步。

> 高情商的人懂得照顾对方的感受，为人处世让对方感觉舒服。性子直，不过是为争一时之快，是低情商的表现。学会隐藏不良情绪，懂得控制个人情感，是一个人成熟的开始。

有些事情不能太较真

"认真"和"较真"虽然只有一字之差，但是却代表了两种完全不同的心理。认真的人专注于事情的完整性、正确性、合理性，所以办事效率高，质量好。而较真的人痴迷于事情的死角、细枝末节，所以办事容易一叶障目，效率低下。

人活得过于较真，是一种心理疾病。心思过于执拗，喜欢钻牛角尖，做事不懂拐弯，容易揪着一件事不放，这样既会伤害你与他人的关系，也会破坏心情，无法轻松自在。

凡事分轻重缓急，有主有次。事事都较真，既没那个时间，也没那个精力，会在较真中错过更加重要的东西。学会区分各种情况，对症下药，该认真的时候滴水不漏，该放松的地方一笑而过，才能把事情处理得圆满、妥当。

乔伊是一名演员，在一家经纪公司上班。有一次，经理请所有员工到家中吃饭，专门从纽约运来龙虾。因为一时疏忽，龙虾少了一份，乔伊看到大家吃得津津有味，显得很懊恼。

谁都没有想到，他居然走到经理面前，将盘子中的龙虾夹起，然后大口吃起来。这简直是一种强烈的挑衅，当然引来了经理的不悦。最后，场面十分尴尬。

过了一段日子，经理与新招聘的秘书参加酒会，竟然偷偷在包间里幽会。乔伊尾随其后，悄悄将其拍了下来，卖给了八卦杂志。随后，家里爆发大战，经理被闹得十分落魄。受此影响，公司生意连续丢失了几个大单，乔伊与其他几个人成了被裁员的对象。

其实，那次聚餐本来是一场误会，乔伊始终放不下，非要给经理难堪。最后，经理尝到了苦头，公司业务大受影响，而乔伊也丢了饭碗。

如果不能放下偏执情绪，做事就会陷入死胡同。在处理感情问题时，这一点体现得尤其明显。在婚姻关系中，夫妻双方经常针对生活中鸡毛蒜皮的小事纠缠不清，到头来弄得自己疲惫不堪。实际上，生活不就是由这些琐碎的小事组成，如果事事计较，无疑会给平静的生活带来麻烦，最后不欢而散。

劳拉经常和老公吵架，原因就是两个人都喜欢较真，彼此都不懂得谦让。没有人肯主动低头，那么矛盾就不可避免了。

有一次，两人准备出门，丈夫对劳拉说："亲爱的，今天去吃法国大餐吧！"

劳拉生气地说："为什么？法国菜那么贵！"

丈夫神秘地说："今天是我们结婚十周年纪念日，值得庆祝一番啊！"

艾玛更生气了："纪念日是后天，你怎么能记错呢！"

"不对，就是今天！"丈夫坚信自己没有说错。

两个人争来争去，谁也不肯退让。最后，劳拉气得跑进屋，拿出结婚证，让老公看上面的日期。结果，老公摔门而去。

这件事到底该责怪谁呢？其实，两个人都有错，因为太较真不主动让步，小问题也会成为大麻烦。因为一时争执，错过了一个美好的夜晚，破坏了夫妻感情，又何必呢？

不涉及原则性的问题，闭一只眼睛就过去了，不要抓着问题不放，忽略对方的感受。凡事对人宽容一些，包容他人的失误和缺点，就会收获融洽的关系，彼此的心情自然轻松快乐。

对人和事太较真，让自己的心情处于一种紧张状态，容易导致心理扭曲，对局面失去正确的理解和判断。这种局面得不到改变，整个人都会变得不可理喻。

> "较真"是一种强迫情绪，迫使别人按照自己的意图行事。现实很复杂，事物具有多样性，不妨试着宽容一些，多听听他人的意见，看看他人的做法，思路和心胸都会开阔很多，人生格局也会变得更宏大。

追梦路上，靠得不是一腔热血

梦想是一种信念，是人们不断进取的动力。在追梦的过程中，自然少不了激情，情绪随之产生奇妙的化学反应，做什么事都充满了干劲儿。然而，追梦路上不能光靠一腔热血，还要把握机会、聚拢人脉。

俄罗斯民间流传这样一句谚语，"巧干能捕雄狮，蛮干难捉蟋蟀"。这句话说出了一个普遍的道理，做事情不仅仅靠偏执冲动的热情，还依赖理智的技巧。

对年轻人来说，一腔热血，有时候非但不能证明你的工作能力，反而还会给人留下毛躁、不可靠的印象。刚步入职场的时候，有的人以为只要多加班，多做事，就会赢得上司信任，提早升职。然而，实际情况可能会适得其反。因为在领导那里，工作效率和工作业绩才是最重要的。

站在团队管理者的角度看，能够按时完成工作，确保质量，才是最重要的。如果耗时太长，甚至工作不到位，即使工作激情多么高涨也不值得称颂。

伍德毕业于芝加哥一所普通的社区大学，后来进入当地一家知名公司。在团队里，伍德显得资质平平，这加重了他的自卑心理。

由于担心被别人瞧不起，他在工作上格外努力。每天，除了正常的八小时之外，伍德还会主动留下来加班。即使中午吃饭的时间，他也会抽空埋头在格子间做数据。

然而，看似认真尽责，伍德却得不到上司重视。原来，他没有掌握工作技巧，许多事情做得不到位，甚至出现了纰漏，后面还要其他经验丰富的员工补位。时间长了，工作业绩不见提升，大家开始为伍德这种工作方式焦虑。

虽然上司多次提醒伍德，反思一下自己的工作方式，注意总结工作经验，但是他置若罔闻，仍旧无法有效提升工作技能。对一个团队来说，这种执拗的个性简直成了一场灾难，因为这成了组织绩效的短板。

"埋头苦干"不如"用心巧干"，做任何事情都要掌握技巧，方法得当，才能达到事半功倍的效果。空有一腔热血，工作方法不当的时候反而成为一种牵绊，无法及时加以修正，结果在错误的方向上越走越远。

做事的过程中太过执拗，不懂得变通，会做出一些出格的事情，给别人制造麻烦，也让自己被疏远。对此，怎么能视而不见呢？

与人建立融洽互信的关系，更需要综合考虑多种因素，而不是过分偏执。生活中，人与人的冲突常常不可避免。与人相处的时候，能够做到在合适的时候主动退让，才能避开锋芒，令双方都舒服。

如果只坚持做人的诚意、做事的原则，不考虑环境变化，以及他人感受，即使你无心与人发生矛盾，也会因为太过偏执而产生误解。而误会出现以后又不及时消除，过于坚持自己的"尊严"，则会让双方关系雪上加霜。

不可否认，人生需要激情与热血，但是那是短暂的，并不可靠。做事保持理性，懂得变通，才能坚持得更长久，并有所得。

> 只靠一腔热血做事，缺乏长远规划与理性判断，会少了人生格局。成熟的人不仅有激情，也有智慧，他们懂得变通，知道进退，所以更值得信赖，也赢得了更多被委以重任的机会。

不惯着自己的人总能有好运气

每个人都是凡夫俗子，会有各种欲望，并展露出各种人性的弱点——傲慢、嫉妒、暴怒、懒惰、贪婪、贪食、色欲。但是，人类依靠理性控制自己的言行，成就了种种伟大。对此，德国著名思想家歌德说过："谁不能克制自己，他就永远是个奴隶。"

显然，如果你想成为自己命运的主宰，并有所作为，就不能完全由着性子做事。有时候改变一下，换一种心情，你会发现一个不同的世界，收获更多幸福与愉悦。

每次听到同事们约定下班后一块去吃饭、喝酒、唱歌，乔治就开始变得左右为难。依照内心的想法，他不愿意参加聚会，只想赶紧回家好好休息，看看书或听听音乐，安静地享受独处时的美好时光。

然而，当乔治把这些想法讲出来，并作为婉拒的理由，就会被同事们取笑。久而久之，大家都开始冷落、排斥他，有什么活动也不再邀请他参加了。为了弥合与同事的关系，并求得工作上的协作，乔治不得不回头主动请求参加同事的聚会。

一开始，他确实不适应这种场合，但是过了一段时间，他发现每个人都像变了一个人，与上班的做派完全不同。原来拘谨的人变得能歌善舞，活泼的业务员竟然文艺气十足……与大家在一起，比自己独自一人生活好多了。乔治开始重视友谊，喜欢与大家交流，感觉生活变得更有意义了。

如果不作出改变，乔治恐怕永远生活在自己的小圈子里，永远体验不到与大家在一起的美妙感觉。

自古代的伟大先哲亚里士多德，到近代的哲学家，都形成了一个共识："美好的人生建立在自我控制的基础上。"放弃我行我素，听从他人的心声，接受这个世界的丰富多彩，人生才会更丰盈。

凡事按照自己的逻辑去做，不能权衡利弊、审视得失，是不成熟的表现。亚里士多德说："放纵自己的欲望是最大的祸害，不知自己的过失是最大的病痛。"偏执的人缺乏理性控制，不善于调节自己的情绪和行为，因此总是出现各种偏差。

人格上成熟和稳定的一个重要标志是，该前进的时候义无反顾，该转向的时候果断转身。被称为"人格研究界第一人"的奥尔波特，在《人格形态与成长》一书中提出了成熟人格的六要素，作为"人格成熟的基准"。

具体来说，这六要素包括：能否较好地关注他人；能否较好地控制情绪；能否对自己客观、豁达；能否和他人建立密切联系；是否有面对现实的知识、技能；有无自己的生活哲学。

上帝不会眷顾一个不懂节制的人，迟早会拿走他的好运气。一个成熟的人不会完全由着性子做事，所以他们能够理性思考和决策，把握住每一次机会，总能与好运牵手。

> 总是惯着自己，为所欲为，很难把事情做好，也无法交到好运。放下偏执情绪，先掌控自己的言行，而后才能掌控人生命运。

第二十二章

孤独情绪：人生要耐得住寂寞，经得起诱惑

生活并不如想象的那么好，但是也没有我们以为的那么糟。人的脆弱和坚强都超乎了自己的判断。有时，因为脆弱的一句话就泪流满面，也可以咬着牙走过很长的路。孤独，是一个很强大的敌人，人生要耐得住寂寞，经得起诱惑。

当你孤单时你会想起谁

无法灵活应对所有的人和事,一片赤诚却不被人理解,在陌生的地方没有知己……于是,人们会陷入心理困境,感受到孤独。无法忍受孤独,情绪可能会失控;耐得住寂寞,那就是一种境界和品位。

在孤单的时候如何坚持下去,排解内心的寂寞和无助,确实考验一个人的灵魂。某种信念,某一句话,此时都能成为精神的寄托,支撑着你走下去,获得坚持下去的力量。

苏菲是一名文学爱好者,从小就表现出写作天分。上小学的时候,她就给报纸、杂志投稿,上了大学后继续文学创作,后来成了小有名气的作家。然而,一场灾难改变了平静的生活。

有一次,苏菲到西部乡村采风,住在一个农场主家里。她在帮忙干活时,不小心将手卷入铡草机中,意外失去了双手。画家没有了眼睛,音乐家没有了耳朵,运动员没有了双腿,这是多么悲惨的遭遇啊!由此,苏菲的写作生涯遭到了重创。

那段日子里,苏菲把自己关在屋里,不见任何人,饮食起居都由母亲料理。她沉浸在痛苦中,忘记了周围的一切。由于情绪低落,苏菲经常冲着母亲大发脾气。她甚至企图自杀,结果被母亲及时制止了。就这样,苏菲过了将近一年孤独寂寞的日子。

第二年春天,母亲提议出去踏青,苏菲居然没有拒绝,母亲欣喜若狂。两个人来到公园,苏菲坐在长凳上,母亲走到河边,弯下腰,摘下一朵小雏菊。忽然,这个场景深深触动了苏菲。她不再感到孤单,因为母亲一直陪伴在身边。

回忆这一年的经历,苏菲特别悔恨自己的鲁莽行为。长时间以来,竟然忽视了母亲的存在和付出。虽然命运捉弄自己,但是活在世上、有家人陪伴不就是最大的幸福吗？苏菲找到了人生的支撑点，她跑过去，用不健全的双臂抱住了母亲，泪流满面。

人们最容易忽视身边亲近的人。孤单无助的时候，首先想到父母，心就有了依靠和温暖。不管你经受着什么磨难，他们永远是你最坚实的后盾，为你挡风遮雨而无怨无悔。

还有远方的朋友，曾经的恋人，都可能在某个时刻走进心里，触动你、感动你、激励你，重获努力前行的力量。生活不缺少美好的东西，重要的是你懂得珍惜、感念，在心里为它们留一个位置。

实际上，寂寞是对人生的一种考验，是你走向成熟的必经之路。体验过孤单，才会珍惜身边人的陪伴，耐得住寂寞，才会充实而真实地生活。

> 感觉孤单落寞，可以找人倾诉，或者旅游、散心，排解不良情绪体验。多参加一些社交活动，和朋友一起吃饭、一起看书、一起逛街，心情也会好很多。

千回百转中，请学会告别

人们常说，越长大越孤单。因为在成长过程中，越来越多曾经陪伴左右的人逐渐离去，而你还没有做好准备，一时间无法从熟悉的关爱中走出来。

每天，许多陌生人进入你的生活，成为朋友或爱人；每天，也有许多人离开，无法愉快理智地和他们说再见。习惯了这些人的存在，一旦少了再次相聚的机会，孤独感就会携风带雨地袭来。总有一些遗憾无法避免，学会告别，才能长大。

拥有的时候感觉不到可贵，失去了才感到珍惜，这是人之常情。那些远离我们的人，有的带走了美好的回忆，有的带走了曾经的友谊，有的是痛苦的分离,对当事人来说是沉重的心理打击。

丹尼与女朋友瑞秋青梅竹马,从小学到大学,他们度过了无数个难忘的日子。在家人的支持下,他们大学毕业后立刻步入了婚姻的殿堂。婚后日子是甜蜜的,一切都那么美好。然而,有些事情总是突发而至,超出了人们的想象。

一次外出旅行,瑞秋突然倒下,被送往医院检查,发现得了白血病。这对丹尼来说,简直是晴天霹雳,整个人立刻崩溃了。他感觉上帝在嘲弄自己,可怜的妻子该是多么痛苦啊!

病情持续恶化,瑞秋的身体一日不如一日。于是,丹尼斯辞退了工作,一门心思照顾妻子。他心里很清楚,这样的日子不多了。瑞秋还是没能斗过病魔,最后永远离开了丹尼。

以后的日子里,丹尼像变了一个人,很少吃饭,很少睡觉,很少说话。他抱着妻子的衣服在家里走来走去,偶尔会喃喃自语,好像在和瑞秋聊天。父母看到儿子这个样子,非常担心。他们带儿子去看医生,但是儿子根本不配合治疗。

丹尼丢了工作,生活也乱套了。就这样,他混混沌沌地过了两年。除了精神萎靡不振,丹尼的身体也越来越差。在空荡荡的屋子里,他感到无比孤独、寂寞,总是以为瑞秋还在自己身边。

有一次,丹尼幻想瑞秋想吃芝士蛋糕,于是出门帮她买。结果,迎面撞过来一辆卡车,丹尼真的去天堂见瑞秋了。

这样的结局是瑞秋想要的吗?当然不是。没有一个人希望最亲的人不幸福。丹尼无法接受妻子染病离世的事实,沉浸在过去的回忆中,失去了正常人的思维、情感,简直活在地狱里。令人遗憾的是,他最后因为精神萎靡遭遇车祸,丢失了宝贵的生命。

人生怎么能没有遗憾?总有一些东西,超出了我们的掌控,如果不能接受、适应眼前的现实,整天沉浸在痛苦中,对任何人来说都是一种不负责任。

不可否认，人是一种群居动物，但是许多事情终将独自面对，没有人可以帮助你。面对爱人远去、亲人离世，悲伤之后选择面对新的一天吧！别在孤独中沉沦，别在彷徨中迷失，燃起心头那团火，未来的日子自有其精彩。

> 悲欢离合、生老病死是人生的常态。刚开始的一段日子，孤独与痛苦是必然的，学会说再见，看明白生活的真相，接受一些不可避免的事实，生命依然精彩。在每个人身上，有坚强、热情相伴，永远都不会孤单。

幸福可以只是你一个人的隐私

人生的路很长、很远，每个人只能陪你走一段，许多关键路口终究还要自己面对。关于幸福，关于爱情，关于友情，能够被人理解是一种幸运，如果不被感知也不必孤单和遗憾。凡事问心无愧，有安稳的心之归处就足够了。

不是所有的人都可以陪伴你一辈子，不是任何感情都会一如既往，面对那些孤独的日子，要学会默默接受，甚至独自前行。即使长途漫漫，荆棘不断，也要相信幸福之花会满山开遍。

有时候，人的孤独感来自偏执的认知。比如，有些人认为爱情就是彼此相守在一起，不离不弃。如果两个人相互倾慕，这自然不是什么难事，然而生活总有不为人知的一面，那么多单相思、一厢情愿，提醒世人爱有不同的存在方式。

你爱她（他），她（他）不爱你，那份孤寂就像喝了一杯冰冷的水，常人难以想象。如果彼此没有情缘，过分勉强是徒劳的，不如把爱安放在内心深处，只要一个人的幸福。独自沉醉在满满的爱意里，内心就不再孤单。

乔治和威廉是从小长大的玩伴,对彼此的脾气都很了解,兄弟情谊十分浓厚。

上高中的时候,班里来了一位新同学珍妮,一个个性文静、长相温婉的女生。她的出现,立刻引起了威廉的注意。

威廉和珍妮都非常喜欢读书,经常在图书馆遇见,两个人相视一笑,渐渐就熟悉起来,经常在一起交流读书心得。但是,威廉始终没有把爱慕之情表露出来。珍妮虽然也有这种心意,但是女孩子比较害羞,所以也没有主动示好。

乔治不像威廉这么好学,反而是班里的捣蛋鬼。他经常上课迟到,不认真听讲,甚至顶撞老师。有一次,他偷偷地把讲台上的椅子弄坏,结果害得老师摔跤。

老师一定要揪出这个罪归祸首,但是没人敢说。于是,老师把当天之日的珍妮叫到办公室;回来后,罚珍被罚清扫厕所一周。原来,珍妮宁肯承认是自己做的,也没有出卖乔治。这让乔治很感动。

后来,乔治主动帮珍妮打扫厕所,这种活泼可爱的样子经常逗乐珍妮。不久,乔治向珍妮表露了心意,两个人走到了一起。而威廉目睹了这一切。

之后的日子,也有三人行,看着乔治和珍妮快乐地在一起,威廉时常感到孤独,觉得自己就像空气。但是,看到珍妮发自内心的微笑,他又会感到开心、幸福。于是,他将这份爱意深埋心底,让这份幸福紧握在掌心。

如果威廉因为此事和乔治闹翻,去破坏他们的感情,想方设法地追求珍妮,结果一定是三个人不欢而散。这样做不但破坏了与乔治、珍妮的友情,也会伤害他们的爱情。此时不如放手,用祝福的心情面对一切。只要爱的人快乐,自己就幸福,哪怕这份幸福只能藏在心里。

爱一个人,得到她(他)不是目的,让她(他)幸福才是关键。她(他)可能和另外一个人在一起更快乐,那么你就要勇敢放手,去成全他们，而不要将这种追求不成的郁闷心情转化为抱怨。谁说幸福一定要是两个人的事？它也可以只是你一个人的隐私。相信在不远处，有另一个人在等你。

> 一个人的幸福，可能是大家都能看到、分享的，也可能是自己的隐私，只有在夜深人静时才能摊开来独自品味。不管是哪一种，遇见了都要珍惜，都要坦然面对。当你无法顺心如意时，不必偏执地追求，给这段情感找一个合适的安放之处，心情自然会愉悦许多。

学会从人生舞台体面地退场

已经到达了人生高峰，眼前的位置已经没有留恋的必要，不妨果断选择退场。当然，这样做会失去原来的繁华、荣耀和掌声，那种孤寂之感无法避免。然而，没有一个人可以永远停留在高峰，花开花谢才是生命的规律。

做任何事都要遵从应有的规律和逻辑，在奋进努力的道路上既要懂得前进，还要学会止步与后退。懂得功成身退，顺应形势而为，其实是一种大智慧。反之，过于执拗不属于自己的东西，反而会平添许多尴尬和遗憾。

美国著名总统尼克松在任期间，发生了震惊世界的"水门事件"，成为美国政坛上最大的丑闻。最后，尼克松被迫辞职下台。当时，这位总统欲望太多了，不懂得适可而止，结果只能从政坛上灰暗地退场。

1972年，美国总统大选在即，已经坐了四年总统位置的民主党领袖尼克松，开始谋划连任。这一年，民主党内的竞争十分激烈。于是，他导演了"水门事件"。

水门大厦由一家五星级饭店、一座高级办公楼、两座豪华公寓楼组成，美国民主党总部就在此地。1972年6月17日，水门大厦的保安下班时，无意中看到办公室有灯光，于是马上通知了相关人员，结果发现5个人在安装窃听器并偷拍文件。结果，5个人当场被捕。

这件事虽然在当时没有引起太多的关注，但是《华盛顿邮报》两位记者持续深入调查，最终真相大白，原来这是尼克松总统为了赢得竞选而指使的。面对铁证，尼克松没有狡辩的余地了，只好引咎辞职。

太想连任下一届总统，所以特别害怕失去现在的职位，于是用尽各种手段确保竞选成功。在欲望的驱使下，尼克松失去了做人做事的底线，最终饱尝了苦果。

潮起潮落、花开花谢都是大自然的规律，人生轨迹也有内在逻辑，不是人心能够左右的。失去往日的荣耀、位置固然显得落寞、沉寂，但是你别无选择。遵从正常的规律和逻辑去做事，就能获得体面的人生。反之，明知行不通却固执地行动，会让你面临很大风险，随时有跌落深渊的可能。

谁说平凡的日子没有精彩？谁说繁华之后唯有落寞？人生像高低起伏的山峦一样，所以那么精彩。在高处体验巍峨，在低处感受淡然，才是完整的生命画卷。学会从人生舞台上体面的退场，开始淡然而自由的小日子，那是一种更大的幸福。

> 人生有高潮，也有低潮，有秋收的季节，也有冬藏的时节。到达辉煌的顶点以后，急流勇退显然是一种大智慧。遇事多一些冷静、理性思考的时间，一定可以拥有更开阔的心境，可以做出更加睿智的决策。

第四辑

情绪策略
摆正心态,你就是世界的主宰

"征服自己的一切弱点,正是一个人伟大的起始。"我们对情绪的所有感受和应对,都由自己决定。你成不了心态的主人,必然会沦为情绪的奴隶。

两个人的沟通,70%是情绪,30%是内容。情绪不对,内容就会扭曲。学会调节情绪,摆正心态,就能在社交、职场、家庭等各方面从容不迫,活出充满诗意的人生。

第二十三章

社交情绪：洞察情绪才能更好地与人相处

人际交往中更大的智慧在于掌握交往中的情绪密码。情绪构建社交生活，我们不应打断它，而是洞察它，从而在社交中左右逢源，获得更多的朋友。

学会分析别人的情绪

今天，人们普遍忙于工作、学业，除了跟自己有直接利害关系的人之外，对身边其他人的关注度都不够，不知不觉间，彼此间的心理距离越拉越大，觉得周围的人冷漠、自私、不关心自己，自己有话不容易找人说，变得孤独、压抑、不快乐。

实际上，这些问题都是自己造成的。自己对别人的苦乐忧喜没有用心，没有付出，怎么会有回报呢？如果能够用心感知别人的情绪，这种状况就会改变。

住在白宫里的人，每天都要面对大量棘手的问题。塔夫脱总统也不例外，虽然贵为一国的领袖，但他依然饱受人际关系的困扰。在《服务的伦理》一书中，塔夫脱曾经对一位别有企图的母亲做了十分生动的描述。

"华盛顿有位女士跑来找我，她的丈夫在政治圈中颇有影响力，她花费将近六个礼拜的时间来说服我，希望我把某个职位派给他的儿子。"塔夫脱在书中这样写道。

"她认识许多参议员，也拜托他们向我强调这件事。由于这个职位的特殊性，我们必须做技术鉴定，最后，我把该职位派给了另外一个人。没过多久，这位母亲就写信来，说我是一个'忘恩负义'的人，让她成了'最不快乐的女人'。她还提及曾为一项我所关心的提案四处奔走，并赢得了各州各个代表的支持，最终才使得这项法案顺利通过，而如今我却如此回报她。

"收到这封信的时候，我非常恼火，首先感觉对方是一位既不讲理又完全没有礼貌的人。当时，我想马上写一封信回击她，但冷静下来仔细想想事情的来龙去脉，我又放弃了最初的想法。我等候了两天的时间，然后才坐下来写回信。非常客气地告诉她，我很清楚一位母亲在这样的情况下会非常地失望、难过，但这项工作由谁来胜任不是单靠我一个人就能决定的，必须依照工作的需要。除此之外，我希望她的儿子能够在现在的位置上，做出她所期望的成就。

"出乎意料的是，这封信平息了她的愤怒。在回信中，她对我表示了深深的歉意。但我的任命并没有马上通过，过了很长一段时间，我又收到了一封自称是她丈夫的信件。我能看出，信的笔迹依然是她。在信中，她说自己患了严重的神经衰弱，病得无法起床，并有可能恶化为更严重的胃癌。在信中，她再一次恳求我是否能将这个职位给她的儿子，从而让病情有所好转。

"于是，我不得不再次回了一封信，但这封信是写给她丈夫的。我在信中说，希望她的病是误诊，对此我深表同情。他一定会为妻子的重病而难过，但让我撤销之前的决定是万万不可能的。最终我的那项任命获得到了通过，在接到那封信两天后，我在白宫举行音乐会。会上，我遇到了那位夫人和她的丈夫，他们向我表示了深切的问候，尽管之前她还装过病。"

塔夫脱总统最终还是平息了这位夫人的愤怒，就是因为他深知同情的巨大作用。因此，面对他人的种种借口，如果你能深表同情，不仅能够平息对方的不满，还能赢得其好感。

格兹博士曾经在《教育心理学》中说过，每个人都渴望得到他人的关心和同情。小孩子受了伤，便迫不及待地把伤口展示给大人看，甚至夸大自己的伤势，就是为了能获得更多的同情。同样的道理，大人也不例外。他们同样会暴露自己的伤痕，无论是心理上的还是身体上的。他们急于诉说自己的苦难和悲痛，渴望得到更多的关爱和同情。

在我们所遇到的人当中，有75%渴望得到理解和同情，他们或许经历了亲人的离世，或遭遇了人生的重大挫折，或承受着感情的创伤。在人际交往中感知别人的情绪，并采用正确的社交策略，你会最大程度上赢得友谊和帮助。

> 如果你拥有至高无上的权力，你可能获得很多人的拥护，却无法赢得别人的真心；但如果你拥有一颗同情心，那么将获得权力所无法换来的人心。

与人交往多一份理解与宽容

生活中，患有口腔溃疡或血压升高的人，往往与情绪不稳定密切相关。对此，医生会提出忠告，"一定要控制好自己的情绪，不要生气，不要发怒"。为什么？生气会导致心理失衡，损害身体健康。而且，人生气时心跳加速，失去理性思考能力，会作出错误的判断，给生活和工作带来各种麻烦。

显然，情绪不佳是很多疾病的直接缘由，也会影响人们与周围的环境融洽相处。在人际交往中做到宽以待人，以善心善念对待他人，自然容易保持良好的心境，与他人建立紧密的合作关系。

早年，基督教处于传播阶段，不是非常盛行。一天，一位基督教徒在路上被一个迎面而来的大汉撞倒。结果，眼镜被撞飞，摔得粉碎，教徒身上多处擦伤。

随后，教徒摇摇晃晃地站起来，那位大汉不仅毫无愧疚之情，还大喊："走路不长眼睛啊！"教徒欲言又止，想到自己既然做了基督教徒，就理应学会宽容，以宽恕之心对待他人，帮助别人摆脱苦难。

大汉看到教徒以微笑来回报自己的无理霸道，惊讶地问："错明明在我，为什么你不生气呢？"教徒说："我为什么要生气呢？生气能解决一切问题吗？如果我对你破口大骂，或打架动粗，我的眼镜也不会完好无损，身上的伤也不会立刻消除，反而违背了内心的信仰和虔诚，这又有什么必要呢？"

教徒看了看大汉，接着说："我信仰基督，基督教的旨意就是带人脱离苦海，你我今天的相遇应该是在告诫我——脱离痛苦需要对万物保持一颗仁爱的心，学会用宽容对待一切，让心灵纯净。所以我不生气，反而感谢你。"

听到这里，大汉非常感动，于是向教徒询问了很多关于基督教的理念，然后若有所思地离开了。

这就是宽容的力量，因为心生宽容，挽救了自己也放过了他人。宽以待人的魅力，就在于可以实现"一笑泯恩仇"的境界，可以用自己的宽容和对他人的理解善待万物，巧妙地化解人际交往中的摩擦与苦痛。

与他人在一起，要尝试着体会海阔天空带来的怡然自得，而不是困扰在愤恨与气恼的枷锁中。也许做到真正的宽容与理解没有那么容易，但是你应该相信——拥有宽容与理解他人的情操是一件非常伟大和幸福的事情。

也许你会说，"我不是圣人，所以不需要拥有伟大的品质，我只需要随心所欲地生活。"但是想一想，其实学会宽以待人是走向成熟的一个重要步骤，是与人融洽相处应有的心智与修为。

> 紫罗兰把香气留在踩扁它的脚踝上，这就是宽容。宽容和理解别人就是潇洒和豁达，在人际交往中以这样的心性说话、办事，更容易发展友谊。

克服"社交紧张"情绪

年轻人经常出现"社交紧张"问题，尤其是遇到大场面的时候，会在很多人面前显得局促不安。显然，这会给其他人留下不良印象。学会克服"社交紧张"情绪，变得更加自信、大方，才容易获得他人欣赏。

莉娜今年26岁，在一家公司做经理助理。对即将到来的婚礼，她感到十分焦虑。莉娜其实不是害怕结婚，相反很期待过上安稳的家庭生活。她真正忧虑的是婚礼本身。她不敢想象，面对那么多人的婚礼场景，自己会是什么样子。事实上，因为惧怕成为众人的焦点，她已经三番两次推迟婚礼了。

其实，莉娜一直都很害羞，甚至在很小的时候就害怕与众人相处。上高中的时候，面对周围陌生或者熟悉的人群，她也会变得焦虑，并影响到了正常的学习。莉娜认为，在众人面前自己会变得不自在，所以平时很少和大家一起活动。

整个大学期间，莉娜都觉得很难交到好朋友。虽然大家都很喜欢她，经常邀请她去参加活动，但是她很少参加。大学毕业后，她在公司里仍然拒绝与其他员工一起吃饭，也从不参加年终聚餐。

多年来，社交紧张情绪严重干扰了莉娜的学习、工作和社交生活。她独自一人生活，已经习以为常，觉得离开社交活动并不缺少什么。直到现在，这种情绪妨碍到与未婚夫的婚礼，莉娜才意识到自己的社交问题多么严重。

太在乎他人的看法，并由此变得不自信，这是社交紧张的重要原因。而当内心紧张不安时，许多人会选择逃避，在心里设定一道防线，拒绝与他人交流。其实，逃避并不能缓解紧张情绪，相反会让人变得越来越懦弱，紧张情绪也会越来越严重。

一位心理学家说："我们害怕的其实并不是事物本身，而是自己。"克服社交紧张最好的方法就是勇敢面对，勇敢地直视问题。当你大胆迈出第一步，决心改变自己的时候，就会在社交活动中调整情绪，掌握与人交流的技巧。

除此之外，克服紧张情绪的终极办法是积累经验。一件事情做得次数越来越多，越来越熟练，紧张的状态就会渐渐缓解。所以不要畏惧紧张，大胆地去尝试，与人接触多了，心里的阴霾就会消失，取而代之的必将是自信满满。

> 克服社交中的紧张情绪，首先要在心理上放松，相信自己的人格魅力。不惧怕失败和出丑，放下忧虑，也有助于在社交场合变得更加洒脱自然。

别因直性子破坏了来之不易的关系

每个人都处在各种各样的人际关系中，有着与众不同的个性。心情不同的人聚在一起，既是一种互补，也会或多或少产生各种矛盾与冲突。遇到分歧时，很多人喜欢争吵，分辨对错，结果只能两败俱伤，恶化了彼此的关系。

人际关系错综复杂，许多事情不能较真。如果执拗到底，眼里容不进一粒沙子，就会对任何事看不惯、容不下，到头来失去许多朋友。伴着自以为是的耿直，你只能忍受孤独无聊的生活。

历史上，马可波罗到中国游学。有一天，他走了很远的路，看到不远处有一户人家，希望借宿一晚。

马可波罗的一个同伴来到这户人家，对主人说："我们来自欧洲，到这里游学，我的同伴是马可波罗皇帝的使臣。请问，能否在此借宿一晚？"

恰巧这家的主人是一个有才识的老人，听到远方的客人来投诉，高兴地说："我写一个字，如果你们认识就可以借住在我家。"随后，老人在纸上写了"真"字，同伴说出了答案，结果被老人轰了出来。

马可波罗听完同伴的叙述，亲自找到那位老者。看了看那个"真"字，马可波罗说："很抱歉我们是从欧洲过来游学，对这个字不熟悉。在我的印象中，这是'真'字，不知哪里出了问题，还望您可以指点迷津。"

老者听了笑着说："这个念'直八'。中国是一个礼仪之国，处世之道讲究认不得'真'，你非要事事直截了当，耿直不阿，如何更好地与人相处呢?"

马克波罗一行人听后恍然大悟，大赞中国的汉字文化和处世之道博大精深。最后，老者高兴地欢迎他们入住，并度过了一段愉快的时光。

许多事情就是这样，你一较真就输了。有些事情说不清道不明，无法解释清楚，不必太过认真。在人际交往中，大智若愚是一种处世智慧。在不违背原则的基础上，装糊涂未尝不是一个好办法。

许多事情不是你一个人可以掌控的，交往中难免遇到各种复杂的局面，如果不懂得转换思维、变换方法，而是直来直往，就会寸步难行。遇到脾气不对的人就大动肝火，只能说明你缺乏基本的社交智慧。

即使对方言语失误，也不必大动肝火。调换一下位置，想想他人的感受，你自然可以控制住自己的情绪，获得圆满的结果。性格耿直不是缺点，但是任由直性子发挥，就潜藏着很大的人际危机。

> 世间没有那么多事情必须用是非、对错的观点来评判，追求和睦相处才是良好的处事之道。掌控个人情绪，不因直性子毁了来之不易的关系，这不仅是维系和睦关系的基础，也是成大事的基本素养。

提升对方的权威度能赢得好感

经验表明，给他人授予权威，便会让对方产生一种服从感。事实上，你的行动满足了对方受尊重、自我价值实现的需求，而后便得到一种回馈，即在心理上认同你，甚至接受你的影响。由此来看，如果想要改变他人的意志，就要主动提升对方的权威度。

当我们想要达成预期目标时，不妨给对方增加一点自尊心，让他们体会到居高临下的感觉，而后一切都会水到渠成。无论是与人交往，还是想进一步影响他人，都需要给予对方应有的尊重、认同，包括提升其权威度。这种心理层面的满足感，会极大地拉近你与对方的距离。

我在纽约的家几乎处于这座城市的地理中心点上，从家步行一分钟，便能走到一片森林。空闲的时候，我就带着自家的小狗雷斯来这里散步。它是一头小波士顿斗牛犬，非常听话，从来不伤害人。因为公园里的人很少，所以我从来不给它系上狗链或戴上口罩。

有一天，当我正在和雷斯嬉戏玩耍的时候，一位骑着马的警察将我拦下来。他迫不及待地要表现自己的权威，"你为什么让狗跑来跑去，还没有给他戴上口罩，甚至连狗链也没有。"警察说话的语气非常严厉，我似乎感受到了他胸腔里的怒火。

"是的，我的确认为这样做不妥，但是我的小狗并不会咬人。"我回答道。

"你这样做是违法的，你知道吗？法律可不管你怎么认为的，据我观察，你的狗是一条猎犬。它可能在这里咬死松鼠，咬伤小孩子。这次我不追究，但假如下次看到它还没系上狗链或是戴上口罩，你就去跟法官解释吧。"

我连连点头，应声答应一定照办。可是雷斯并不喜欢戴口罩，喜欢自由自在地玩耍，我也认为戴上口罩是不人道的。因此我决定碰碰运气，把警察的话抛诸脑后，继续带着雷斯在公园里玩耍。但过了没几天，我又碰到了一位警察。

看到警察走过来，我决定不等他开口就先发制人。我说："警察先生，真不好意思，你当场逮到我了。我有罪，我认罚，没有任何托辞。上个星期就有警察提醒过我，如果再带小狗出来而不带口罩的话就要接受惩罚。"

警察听了我的话，显然有些愣住了："好说，好说，我知道在没有人的时候，谁都会带一条可爱的小狗出来玩耍。我能够理解你的心情。"

"是的，但我这样做却违反了法律。"

"像这样的小狗大概没有威胁性吧。"警察开始为我主动开脱。

"不，它可能咬死松鼠。"我强调潜在的危险性。

"你可能把事情想得太严重了，这样吧，现在你带着小狗跑到另一个地方去，我就当什么都没看见，什么都没发生，这件事就这么算了。"

于是，我带着自己的小狗又躲过了一劫。这件事处理得这么圆满，其实并不难理解。那位警察也是一个人，他想要的就是作为一名重要人物的感觉。当我主动示弱，表现得楚楚可怜时，他的权威感便油然而生——我的命运似乎就掌握在他的手中，随他任意处置。

当你站在对方的立场说话时，对方也会考虑你的诉求，所以适当的恭维和奉承也就必不可少了。为什么有的人能让一件棘手的事情在和谐的氛围中处理妥当，就在于他们懂得让对方获得心理满足，在沟通中获取了被承认的权威感。

为此，不和对方发生正面交锋才是明智之举。比如，有时候要承认对方说的话没错，错的是自己，并且要爽快、坦白地承认这一点。而当你确实犯错时，更要主动、提早认错，在提升对方权威度的同时减轻其怒气与苛责，这样才能变被动为主动。

与那些爱找茬、喜欢挑刺的人打交道，当自己的处境不利时，也要学会马上示弱，满足对方保持强势心理的需求，把对方要责备自己的话先说出来，令其无话可说，甚至为你开脱。这些都是通过提升他人权威度，进而影响其行为的有效方法。

> 用心去认可，不要吝惜溢美之词。提升对方的权威度能够满足其特定心理，接下来你再提出自己的要求，对方往往会放弃计较之心，按照你的意愿行事。这其实是一种欲擒故纵的情绪掌控法。

> 第二十四章

工作情绪：不努力，谁也给不了你想要的生活

工作不顺心，对职位不感兴趣，心也随之浮躁？不适应职场竞争局面就会被淘汰，如果不能调整工作情绪，不懂得努力奋进，谁也给不了你想要的生活。

世界不曾亏欠每一个努力的人

有人曾经说过:"我选择为梦想颠沛流离,即使万般辛苦,也不会放弃。"怀揣着激情与梦想,为之不停地努力与奋斗,这是最帅气的身影。相信自己,憧憬明天,努力奔跑,这是每个人在工作中应有的情志与胸怀。

这个世界不曾亏欠每一个努力的人。保持积极、奋进的工作情绪,通过不断努力收获梦想与财富,才能配得上更好的明天。

迈克尔·布隆伯格是"世界之都"纽约的管理者,他掌握着全世界最重要的财经讯息,个人流动财富高达200多亿美元。这样的人生无法不令人羡慕与敬佩。

今天,因为对职位或工作不满而选择跳槽显得很轻松,许多人也习以为常。但是在1946年,当时在华尔街工作的人并不敢轻易跳槽。那时候,人们常常把自己的一生与一个公司紧密地联系在一起。布隆伯格从得到所罗门公司offer那一刻起,就把自己当作一个"所罗门"人看待了。

与其他贪求与众不同背景的大公司不同,所罗门看重的是业绩,公司里鼓励实干。布隆伯格对此感到很满意,认为这里最适合自己发展。

当时,布隆伯格坚信一点:"进入一个投资银行公司,对非家族继承人来说,不是一件容易的事情,你会把它看成终生的职业,一直干下去,并最终成为一名合伙人。然后,在年纪很大时死在一次商务会议当中。"

26岁的时候,布隆伯格就成了公司的高级合伙人。他常常最晚下班,全身心投入自己热爱的工作,花费了大量时间和精力。当然,布隆伯格并没有因为努力工作而影响正常的生活。他坚信,自己努力越多,越能拥有自由富足的生活。

布隆伯格经常对别人说:"你永远不可能完全控制自己身在何处,

不能选择开始事业时的优势,当然更不能选择你的基因和智力水平,但是你却能控制自己工作的勤奋程度。"

布隆伯格一生坚守努力工作的信念,实现了人生梦想。无论你想拥有什么样的生活,必须为之努力奋斗。也许投入更多时间与精力并不能保证一定成功,但是不努力注定不会有收获。

任何工作都不会一帆风顺,有时候存在着一分耕耘不会带来一分收获的情形。当你付出之后没有业绩时,不必充满挫败感,不必在情绪上失望和低落。你还有时间和机会,继续努力,继续奋斗,在未来某个时刻,你的努力终将成就无可替代的自己。

当然,持续努力不是每日忙碌,不停歇地跟随时间的轨道向前。当你陷入瓶颈的时候,要主动调整工作情绪,改变工作方法,以及寻求同事帮助和团队支持,不断接近成功目标。既有工作热情,也有工作方法,最终取得工作业绩,这样的奋斗和努力才有价值。

> 无论在工作的哪个阶段,无论何时,一定相信自己的能力,并为此努力。如果不肯付出,不寻求改进方法,终究会一无所得。在工作中,成功就是你比别人更用心,更能坚持。

驱除自我否定的负面情绪

斯曼莱恩·布兰顿博士写过一本书《爱,或者毁灭》,里面有这样一句话:"适度的自爱,是一个人健康的反映;适度的自重,对工作和成功都大有裨益。"一个人学会爱自己,是健康成熟的重要标志;反之,自我否定的负面情绪会把一个人彻底摧毁。

有的人遇事习惯说"我不能"、"我不行",甚至把它们当成口头禅。这种恶习超出了不自信的危害,会彻底扼杀一个人的潜能。世界上没有一无是处的人，倾向于自我否定是一种愚蠢的行为。

心理暗示的作用极大，"自我否定"传递出消极的信号，意识就会按照这个指示下命令，而人的潜意识就会不加分辨地将这个命令完全接受下来。久而久之，"我不行"就会成为一种潜意识和本能反应，阻挡我们变得更优秀。

19世纪，法国有一个穷困潦倒的年轻人从乡下流浪到巴黎，去投奔父亲的一位朋友。他希望对方能帮忙介绍一份工作，从而能够养活自己。

寒暄之后，父亲的朋友问："年轻人，你有什么特长？精通数字吗？"年轻人摇摇头。

"历史、地理怎么样？"年轻人又摇摇头。

"法律或别的学科呢？"年轻人不好意思地低下了头。

"会计怎么样……"

面对接连不断的询问，年轻人只能以摇头或低头来做答，他的反应像是在告诉对方：自己一无所长，连一个优点也找不出来。但父亲的朋友并没有对这个年轻人失去耐心，最后说道："把地址留给我吧，你毕竟是我好朋友的儿子，我一定想办法给你找一份工作。"

这时，年轻人觉得羞愧至极，只想马上把地址写好，然后迅速逃离这个令人深感耻辱的地方。然而，就在他转身离开的时候，却被对方拦住了："年轻人，你写得一手好字，这就是你的优点啊，你完全可以借此找到一份满意的工作。"听到这里，年轻人满脸疑惑地看着父亲的朋友。很快，他就在对方眼里看到了肯定的答案。

在返回住处的路上，他边走边想：我写的字能得到别人的称赞，说明自己并非一无是处。能把字写得很漂亮，那么写文章应该也不成问题吧？受到肯定和鼓励之后，他就开始浮想联翩了，越想越觉得前途一片光明，走着走着脚步都开始变得飘然起来。

从此以后，那个年轻人开始奋发自学，坚持写作。过了许多年，这个原来似乎没有任何优点的人竟然写出了享誉世界的经典之作，成为一名杰出的作家，他就是家喻户晓的法国文豪大仲马。

如果一个人长期被自我否定的负面情绪所笼罩，那么他的工作状态就会越来越低落，甚至郁郁寡欢。这样的人担心别人看不起自己，不敢大胆尝试，会丧失一切展示自我、提升能力的机会。

其实，很多人都认识不到自己的优势，会对个人能力持怀疑态度。正如大仲马一样，他们看不到自己的长处，并为此感到自卑。直到一次偶然的机会，才意识到自己竟然有某种天赋，原来可以这么优秀。其实，他们并非能力不佳、素养不够，而是被自我否定的负面情绪压制，迟迟无法释放个人潜能。长久以来压抑了个人才华，这不能不说是一种莫大的遗憾。

长期沉浸在自我否定的负面情绪中，等于给自己套上了无形的枷锁。"无法认同自己"就像压在心底的一块石头，不仅让人的心情变得沉重，也阻碍了自己主动与外界联系的机会。没有人生来就是出众、优秀的，需要经历一个不断学习、进步的过程，关键是不能带着负面情绪上路。别再强调"我不能"、"我不行"，换个角度看待你与周围世界的关系，那么很多问题会迎刃而解。

从心理学角度分析，过度的自我否定是一种自卑的表现。那些声称自己什么都不会的人并非无法出色完成某件事，而是因为自我否定这一负面情绪从中作祟，导致他们常常妄自菲薄，从而制约了个人潜能的发挥。

客观公正地评价自己，找出产生自卑心理的诱因，然后坦然面对问题并积极改进，就能走出负面心理的阴影。从现在开始，把视线聚焦在自己的优势上，并敢于展现给他人，自然容易赢得赏识、信任与支持。

> 只要你不认为不可能，你就不会被打败。每个人都是独一无二的，多看看他人对你赞赏的目光，多听听他人对你欣赏的言语，终将收获无穷的力量。当你习惯于展现自己的优势并将其不断扩大，你会发现，原来生活在自信的阳光之下是这么快乐。

这个世界上,没有人能阻挡你成功

工作中遇到挫折,人们习惯把失败原因归结为同事不配合,或者客户不讲理,很少反省自己。埋怨没有机会,埋怨缺少伯乐赏识,埋怨没有遇到合适的机会……认真想一想,真的是这样吗?

只要客观分析一下就能发现,那些失败的理由都是站不住脚的,更多是在为自己的失败找借口。事实上,你在工作上无所建树,业绩乏善可陈,不是外界那么多客观原因造成的,主要是自己缺乏做事的意志、能力等。这个世界上没有人能阻挡你成功,只要你足够努力。

尼克出生在纽约的贫民窟,爸爸妈妈为了抚养他和两个哥哥、两个妹妹费劲辛劳——每天早出晚归,但是微薄的工资根本无法维持家用。

从小在别人的歧视中长大,尼克过得并不快乐,人们在他眼里看到的是沉默而沮丧,少了一些孩童纯真的光芒。

12岁生日那天,爸爸突然递给尼克一件衣服,并问:"你觉得这件衣服值多少钱?"

尼克说:"大概1美元。"

爸爸用探询的口吻说:"你能将他卖到2美元吗?"

"傻子才会花2美元买一件破衣服。"尼克毫不犹豫地说。

爸爸说:"如果你能卖到2美元,钱就归你了。为什么不试一试呢?"

尼克听了点点头:"我会努力的!"

随后,尼克小心地把衣服洗干净,并用刷子把衣服刷平,晾干。第二天,他带着这件衣服去了人流密集的车站叫卖,天黑之前终于把衣服卖出去了。尼克看着手里的2美元,非常开心。

过了一周,爸爸又送给尼克一件旧衣服,希望他可以想办法卖到20美元。尼克表示没有办法。但是在爸爸的鼓励下,尼克想到了一个好点子。

他找到学习画画的朋友，请对方在衣服上画了迪士尼玩偶，然后去富人区的街头叫卖。过了一会，一个非常喜欢迪士尼玩偶的男孩经过，看到衣服非常开心，毅然让身边的保姆买下来，还给了尼克5美元小费。

回到家，尼克全家非常高兴，这25美元相当于爸爸一个月的工资。

夜晚，父子躺在床上。爸爸问："尼克，你从卖衣服这件事上明白了什么道理？"

尼克说："只要开动脑筋，没有办不到的事情。"

爸爸笑了笑说："的确，一件破旧的衣服不值钱，但是经过改变也可以变得昂贵。一个贫苦的人只要不放弃努力，总会有成功的希望。"

在这个世界上，从来没有人可以阻挡你成功的脚步。遇到挫折与打击，更多的原因是自身存在各种问题，比如妄自菲薄、不够努力、缺乏持久性等。

认真反省一下不难发现，懒惰让你裹足不前，自卑让你缺乏改变的勇气，软弱让你变得无力，狭隘阻挡了你与更多的人成为朋友，放弃阻挡了获得成功的机会……当你深刻剖析之后，自然会发现工作毫无建树的罪魁祸首不是别人，正是自己。

请牢记，事在人为。失败不是因为你缺乏这样或那样的实力，而在于工作心态，以及无法有效掌控工作情绪，结果过早地选择了放弃努力。工作是一生的事业，耗费人们漫长的时光与精力，因此调整好情绪，才能发挥应有的才华、技能，在工作中有所建树。

工作缺乏动力和耐心，请先调整自己的情绪吧！战胜自己就等于战胜了一切。无论你曾经多么执拗、多么浮躁，只要肯踏下心来做事，总有一天会成为能力出众、经验丰富的专业人士，在团队中独当一面。

> 工作最考验一个人的耐性、决心、能力，收敛起桀骜不驯，端正做事态度，没有人能阻挡你成功。静下心来，永不休止地勇往直前，便会打破阻碍我们成功的一切因素。

牢记一万小时的成功准则

20世纪90年代,诺贝尔经济学获得者赫伯特·西蒙和心理学家安德斯·埃里克森,共同提出了"一万小时天才理论"。这一理论告诉人们,"天才"之所以非比寻常,不在于天赋异禀,而是对某项技能进行了一万小时的训练。

也就是说,进行至少一万小时的专业训练,你就能拥有一项世界级的才能。反过来说,在任何一个专业领域,如果缺少"一万小时"的训练,即使有再突出的先天优势,也不能成为这一领域的领军人物。

一万小时是一段很长的时间,如果每天练习3小时,每周练习7天,那么你需要十年的时间才能达成一万小时的练习量。如果没有超人的毅力,恐怕很难坚持下来。那些成功的专业人士之所以成为行业领军人物,也可以用"一万小时天才理论"来解释。

你是否因为工作中的平庸表现而苦恼?是否因为工作业绩平平而焦虑?不妨了解"一万小时天才理论",指导自己有所改变,在工作中日益精进。

投入精力和热情学会一种技能非常重要,无论它多么简单。但是,能够持之以恒努力,成为业内专业人士,就不是常人能够轻易做到的了。在漫长的努力过程中,你要忍受寂寞、煎熬、枯燥,当心绪不平的时候,如果没有强大的情绪掌控能力,显然无法坚持到最后。

披头士是最受欢迎的摇滚乐队,这支来自英国利物浦的乐队成立于1960年,此后取得了巨大成功,也赢得了无数荣誉。这不仅归功于他们在摇滚乐方面的创新发展,还离不开他们的努力与坚持。

起初,这支乐队并无名气,一个偶然的机会被邀请到德国汉堡参加表演。在那里,他们每天晚上演5个小时,一周演7天。在1960年到

1962年间,披头士乐队往返汉堡5次,第一次就演奏了106个晚上,平均每天演奏5个小时。第二次,演奏了92个夜晚。第三次演出48场,共172个小时。

在1964年成名之前,他们其实已经进行了大概1200场演出。与现在的乐队相比,这个数字是多么非凡,频繁的演出锻炼出非凡的唱功,筑就了披头士的辉煌。正是惊人的努力让这支乐队大放光彩,赢得了世界人民的喜爱。

也许大部分人都会认为,披头士的成功主要依赖四个人的才华,是他们与生俱来的音乐天赋。但是,他们坚持不懈的练习也是日后辉煌的保证,这为他们在以后的演艺道路上奠定了坚实的基础。

在任何行业,任何领域,只有不断坚持练习,让工作技能越来越熟练、专业经验越来越丰富,你才能有更大的成功机会,并展示出高超的专业素养。

人生短短数十载,如果不能珍惜积累、沉淀的机会,而是在工作中抱怨怀才不遇,或者虚度时光,终将没有长进,反而会随着时间的流逝与他人拉大距离,日后望尘莫及。与时间相比,一个人的才华和能力都是有限的,唯有勤奋努力、日益精进的人才能成为行业的佼佼者,凭借他人无法超越的专业素养与竞争优势,在业内站稳脚跟。

当年,梅尔·吉普森为了拍好《勇敢的心》,花费了几年的时间泡在图书馆,了解角色以及故事发生的时代背景;罗伯特·迪尼罗在《愤怒的公牛》中为了演好一名拳击手,在短短几个月内增重60磅,同时又在几个月内减重60磅……有才华的人都这么努力,你还有什么理由懈怠呢?

机会总是青睐肯努力、有准备的人。放大抱怨情绪,抛弃自怨自艾,静下心来投入到工作中去,通过训练、努力将自己的才华、能力提升到新高度,在自己的岗位上发光发热,你就是一个不平庸的人。

> 不管多么困难的工作，多么难掌握的技巧，只要坚持不懈地磨练自己，终会有一天达到理想的目标。一个成功者是从来不会对困难屈服，他总会坚持自己的理想，不厌其烦地让自己离成功更近一步。

工作可以枯燥，但心不能浮躁

认真负责是胜任工作职位的基本素质，更是工作敬业的主要表现。调整好心态，稳定的工作情绪，才能在岗位上作出业绩。高效能人士总能在不同阶段恰当调整情绪，掌控节奏，在工作中赢得更多机会。

"罗马不是在一天之内建成的！"在工作中有所建树，必须脚踏实地，认真做好每件事，把握好每个细节。伟大出自平凡，成功来自艰辛，如果不能沉下心来做事，很难成为业内的佼佼者，也无法有效提升个人专业素养。

有的人无法静下心来做事，或者不喜欢现在的岗位，或者缺乏做事的耐心，从根本上说他们没有调整好工作情绪。对岗位职责有清楚认识，对工作技能熟练掌握，对工作挑战做好心理准备，并且具备顽强拼搏的意志……面对枯燥的工作，能够沉静做事，以这样的心境做事，才能日事日毕、日清日高。

鲍勃是小镇里非常厉害的建筑师，他的木工技术非常精湛，一辈子建造了无数精美结实的房子。因此，小镇上的人都非常尊敬他。随着年龄越来越大，鲍勃感觉工作精力大不如前。有一天，他告诉公司经理，自己准备回家与妻子共享天伦之乐。

对此，经理丝毫没有心理准备，对鲍勃有些不舍。最后，经理希望鲍勃再建一座房子，然后退休。所有人都看出来了，鲍勃已经不太认真对待这次任务。他使用材料时没有精挑细选，做工也不讲究了，每天早早收工。过了几个月，房子终于建好了。

鲍勃把房子的钥匙交给经理，说道："我的任务完成了，明天可以不用来上班吧？"没想到，经理把钥匙交给鲍勃，认真地说："你在咱们公司忙碌了一辈子，创造了很大效益，非常感谢。这座房子就是公司送给你的礼物，感谢你的辛勤付出。"

听完经理的话，鲍勃震惊地说不出话来。看着经理真诚的态度，再想想自己建造这座房子时的工作态度，鲍勃感到十分懊悔与愧疚。

在以后的日子里，鲍勃经常把这段经历当做故事，讲给孩子们，告诫他们对待工作都要认真踏实。

工作一段时间以后，人们会变得浮躁或焦虑不安，包括对工作内容失去兴趣。这都是正常的心理状态。对工作产生厌倦情绪，如果不能及时调整，就会加深不满情绪，工作中变得消极怠慢，或是心生去意。他们似乎在用这种方式报复工作带来的不快，平衡内心的不满。殊不知，这不仅在浪费个人时间和精力，也破坏了自己的职业道德。

一个认真负责的人，即使最后一天在公司任职，也不会改变原来认真的工作态度。他会用心把工作交接好，再坦然离去。这种职业情操是所有公司、所有团队需要的，也是个人胜任一切工作岗位的基本要求。

如果想在事业上有所建树，必须学会去调整工作情绪，始终以积极乐观的态度做事。时间久了会感觉工作无趣，此时要让浮躁的心平静下来，一如既往地认真执行。与出色的劳动技能相比，这种工作情绪调节能力也是必不可少的。

缺乏敬业精神，不具备团队协作意识，到任何一个公司任职都不会长久做下去。在竞争激烈的职场中，工作情商高的人能赢得更多被委以重任的机会，这也是他们赢得公司赏识的最大筹码。

这个世界上没有尽如人意的岗位和职位，工作总有枯燥的一面，重要的是你如何调整情绪，投入自己的热情和努力，开创一片天地。尽心尽力地做好每一件事，一如既往地付出努力，你会发现一切辛劳都是值得的，而你也将得到丰厚的回报。

> 认真是一种良好的习惯,更是一种优秀的品德。无论何时都能坚持认真、踏实做事,在平凡的岗位上也能成就伟大梦想,从优秀走向卓越。

第二十五章

婚恋情绪：即使爱情已逝，也要心存美好

恋爱、婚姻总是与快乐相伴，而影响婚恋幸福的一个重要因素是情绪。不管你们相处过程中是否惬意，都要学会随时照顾彼此的感受，控制好自己的心绪。

保持距离，别让"他"厌烦你

对于恋爱观，莎士比亚说过这样一句话："太甜的蜜糖，可以使味觉麻木；不太热烈的爱情，才能维持长久。"这阐述的是一个尽人皆知的道理：距离产生美。在婚恋中收放自如，并不容易做到，如果没有高情商，显然不好拿捏分寸。

在最初的交往中，两个独立的个体充满了欣喜与愉悦感，但是随着时间流逝，双方对彼此有了一定了解，会看到对方一些缺点和毛病，容易产生厌烦感。不过分享受亲密感，能保持距离感，更能拉长彼此之间的蜜月期。

凯莉是一位年轻的已婚女性，在公司负责日常行政事务。工作上一帆风顺，然而她在感情上波折不断。

恋爱生活很甜蜜，但是结婚后过了蜜月期，她渐渐感受到生活不是自己想象中那样温馨。凯莉说："婚后看到了他许多原来没有注意的毛病，越来越无法忍受。我们经常因为一点小事就吵起来。"

后来，凯莉被公司安排为期一个月的封闭式培训，期间不许回家。这一次，凯莉真切地感受到了婚恋中"距离"的重要性。最初几天，两个人没感觉到什么；但是刚过两周，她就开始想念丈夫了，渴望两个人在一起的日子。

随着培训的日子一天天过去，凯莉对丈夫的思念与日俱增。她经常想起丈夫的优点，抱怨也越来越少。

培训结束后，她立刻回到家，开门见到丈夫吴就抱在一起。后来，丈夫告诉她："在这一个月里，我也非常想念你。"凯莉和丈夫互诉衷肠，了解了双方这一个月的心理变化，意识到婚恋中保持距离的重要性。适当的距离不但不会疏远双方的关系，还会拉近两个人的心。

很多人控制不住自己，而在感情中投入过多时间和精力；同时，随着投入成本的增加，对另一半的期许也会越来越高。一旦对方无法满足自己的期望，就会不满、愤怒，甚至对其失去兴趣，导致情感破裂。

有的情侣确立关系之后，总是想着如何征服对方，不让对方逃离自己的视线。其中，男人占据强势地位，总是希望女朋友可以依靠自己，不作出逆反的行为；而女生希望男朋友听话，时时刻刻都想管制对方。过分紧密的关系不但增进感情，反而会激化双方的矛盾，这就大有问题了。

两个人的感情就像流沙，握得越紧，流失得越快。因此，保持适当的距离是婚恋保险的秘法。为此，你要控制好自己的情绪，才能在情感中保持一份理性，让双方因为距离产生美。爱他，就要懂得放手，保持适当的距离，留给彼此享受对方美的空间。

> 得不到的永远在骚动，被偏爱的都有恃无恐。聪明人会有意识地制造距离，为平淡如水的日子增添弥足珍贵的思念。

请立刻停止致命的唠叨

在婚姻中，唠叨是最致命的伤害。假如婚姻中的女人拥有世上所有的美德，外貌也十分出众，却唯独喜欢唠叨，有一点小事就对丈夫喋喋不休，那么她所有的优点都将归于零。

女人之所以唠叨，本意可能是好的——只是希望丈夫可以更优秀，婚姻生活更幸福。可是，她却没有想到男人对唠叨持怎样的看法。

曾经有一位美国社会学家做过一个关于婚姻的调查，被采访的大多数男人都认为：在婚姻中最难以忍受的是女人的唠叨。

法国拿破仑三世被美丽、优雅的特巴女伯爵玛利亚·尤琴深深地迷住了，并想和她结婚。可是，拿破仑三世的顾问却提醒说："她的父亲只是西班牙一位并不显赫的伯爵，和您的地位根本就不相配。"

但是，这位君主根本就不在意这些，只希望能拥有这位世界上最美丽的女人，其他的并不重要。就这样，他不顾全国人民的反对，与玛利亚·尤琴结婚了。

接下来，大家都以为拿破仑和尤琴会像童话里的王子公主一样过上幸福的生活。然而现实却恰恰相反，无论是拿破仑三世爱的力量，还是他的权力，都无法阻止尤琴的唠叨，她的心被嫉妒蛊惑，对任何事都猜疑。

尤琴总是认为，拿破仑三世在偷偷地接触其他女人，因此不给对方一点儿私人空间。有时候，拿破仑三世在办公室处理国家大事，她也会不顾一切地冲进去，然后任性地胡闹。有时候，拿破仑三世想一个人呆一会儿，尤琴都不会允许。

虽然拥有十几处华丽的房子，但是这位皇帝却找不到一个安静的地方。此外，尤琴还经常到姐姐那里数落丈夫的不好，又哭又闹。

那么，尤琴得到了什么呢？莱哈特在《拿破仑三世与尤琴：一个帝国的悲喜剧》中这样写道："于是，拿破仑三世常常在夜间从一处小侧门溜出去，头上的软帽盖着眼睛。在一位亲信陪同之下，他真的去找一位美丽女人，或者出去看看巴黎这个古城，在以往不常看到的街道中漫步，放松一下自己压抑的心情。"

毫无疑问，等待尤琴的一定是拿破仑三世对她的厌烦，最后这段婚姻也必将走向失败。不过，这一切都是她自己亲手埋葬的，正是那无休止的唠叨毁灭了原本甜蜜的爱情。

由此看来，在婚姻关系中，女人了解男人的思维与性格特点是多么重要啊！一位心理学家经常接触一些失败家庭的案例，并对导致这种悲剧的原因尤其在意。夫妻二人无法在家庭生活中融洽相处，磨合一段时间后彼此仍然无法适应对方，结果就导致了悲剧的发生。其中，男人理性冷静，女人感性情绪化，如果双方无法迁就对方，就容易让这段婚姻走向失败。

有人曾经说过:"在地狱中,魔鬼为了破坏爱情而发明的恶毒方法中,唠叨是最厉害的了。它永远不会失败,就像眼镜蛇咬人一样,总是具有强大的毒害性,常常使甜蜜的爱情破裂,更有甚者致人于死地。"

为了让自己拥有一份甜蜜的爱情,为了保住幸福的家庭,请一定要管好自己的嘴巴,一定要记得祸从口出。如果不牢记这一点,那么你也许就像《泰晤士邮报》所说的那样,"不停地在慢慢挖,自掘婚姻的坟墓。"

> 婚姻就像是一块天然的宝石,不需要过分的雕饰。何不大度一些,以尊重对方,让对方感到舒服的方式去表达内心的爱呢?只有这样,才能让夫妻关系变得更融洽,家庭更幸福。

争吵时,撒娇比讲道理更有效

两个相爱的人在一起久了,难免会产生这样或那样的摩擦,女生变得越来越敏感,男生变得越来越不耐烦。如果不加节制,两种不同情绪一撞击就会产生剧烈的化学反应。对女生来说,化干戈为玉帛的方法不仅仅是包容和理解对方,还要发挥女人的天性,懂得撒娇。

女性以阴柔为美,而男人以阳刚为荣。发生争吵的时候,女人适当撒娇比讲道理更能弥合双方的关系。

上帝在创造女人的时候,就赋予女人对付男人的两大法宝:眼泪和撒娇。没有哪个男人可以在女人撒娇时保持着镇定和冷酷,女人如果在争吵中拿捏好分寸撒娇,没有一个男人还会继续斤斤计较。

汤姆和杰森是两个亲兄弟,脾气非常暴躁。妈妈苏珊对两个人的婚事非常焦虑,担心没有姑娘能忍受他们的急脾气。

后来,汤姆和杰森相继结婚了,苏珊非常开心。然而,担忧随之而来。结婚后，汤姆和妻子经常吵架，谁也不肯低头，非要争个是非曲直。时间长了，双方都厌倦了这样的日子，汤姆夫妻二人都忍耐不下去了，最终选择离婚。

苏珊担心汤姆的经历在杰森身上上演，变得日益焦虑。后来，她主动找到杰森的妻子，决定和她好好谈谈。

苏珊说："你是知道的，汤姆离婚了，他的脾气确实太暴躁了。杰森的脾气可能更差，但是你们既然组建了家庭，就要懂得包容。如果你有什么委屈，可以告诉我，如果能从中帮忙，我一定不会推脱。"

杰森的妻子听了，微微一笑："妈妈，你难道没看出来吗，詹森的脾气已经收敛了很多。我们虽然也经常吵架，但是很快就会和好。"

苏珊听了，有些疑惑。杰森的妻子继续说："我知道，两个人在一起难免争吵。但是，我会掌握分寸，不触碰底线。有时候看到情形不对，我会撒撒娇，主动服软，这样杰森也就脾气消了，甚至主动跟我道歉。结婚后，我们的关系没有因为争吵走下坡路。"

听到这里，苏珊彻底放心了。她明白，杰森的妻子是一个聪明人，更懂得如何男女相处之道，维系好夫妻关系。

在男女关系中，过多讲理不妥，而应该讲情。如果两个人总是争对错，而不带一丝感情色彩，那么心就会越来越远。发生争吵的时候，双方都处于情绪失控的状态，女人发挥自己柔性的一面，通过撒娇让男人熄火，是一种非常有效的方法。

在爱情世界里，聪明的女人懂得控制自己的情绪，不会逞口舌之快让彼此的关系覆水难收。时刻知进退，关键时刻展露女人柔弱的本性，这样的女人最有智慧。学会适时低头撒娇，其实是以退为进的攻略，能轻松让男人改变凌厉的姿态。

其实，任何一个男人面对撒娇的女人，都会立即收敛起坏脾气，并且展露出怜惜之意。会撒娇的女人不仅会打断双方无休止的争吵，也在悄无声息地改变男人的脾气，谁又会说这不是一种高情商呢！

> 会撒娇的女人最好命，如果善于利用自己的这一特质，就能在婚恋生活中掌握主动权，牢牢握住男人的心，让彼此更加幸福恩爱。

陪伴是最长情的告白

"遇见你时，我从未想过你会离开。多年来，谢谢你默默地带给我许多关怀，任我耍赖任性都不离不弃。希望你此生此世陪着我，不离开。"这种情话，这种状态，是每一对情侣所向往和期盼的，但是又有多少人坚持到最后？

真正的爱情不需要多么华丽的告白，长长久久的陪伴最可靠，也最令人期盼。在两个人的世界里，不必过分追求华而不实的东西，能够从平淡而长久的陪伴中感受到那份美好，自然能获得幸福。

有一对老夫妇经常争吵，在孩子眼里，他们之间不会存在爱情，只是没有办法才凑合在一起。可能他们也感觉到了，彼此之间更多的是亲情，而非爱情。

虽然上了年纪，争吵却没有减少，甚至比以前更多了。有一次，丈夫大发脾气，吵着与妻子离婚。无奈之下，孩子只好把妈妈接走，让两个人分开段时间。

没想到，妻子离开了半个月，丈夫就打来电话，让孩子把老伴送回去，说家里太乱了，已经没法正常生活下去了。

孩子没有立即让妈妈回去，又过了半个月，老太太自己也待不住了，吵着要回家。原来，她担心丈夫一个人在家吃不好，睡不好。

两个人重新生活在一起，照旧争吵，只是没有以前那么厉害了。显然，他们都收敛了很多。后来，妻子生病住院了，全家人都很担心。第二天，丈夫就到医院陪伴妻子了。就这样，他每天照顾妻子的饮食起居,陪她聊天、唱歌,再也听不到争吵声了。

这对老夫妻比谁都明白,他们其实是在用吵架的方式陪伴着彼此,两个人谁也离不开谁。他们用一辈子的陪伴诠释了爱情的真正内涵和模样。

这个世界上,有太多事物是彼此依恋,分不开的。彼此间相互依靠,敬畏又烘托着,你不能失去我,我也不能缺少你。两个人相处久了,总会有摩擦和碰撞,感情总会遭到各种事情的考验。但是,只要有实实在在的陪伴,内心那份安宁永远不会失去。

陪伴是最长情的告白。即使在一起的日子有争吵,有矛盾,但是吵不走、打不散才是爱情的真谛。只要学会控制自己的情绪,有一颗不抛弃、不放弃的心,能够在关键时刻照顾对方的感受,那份爱就永远不会散去。

当对方不开心的时候,当对方需要关爱的时候,只要你留在身旁,陪伴左右,任何风雨都无法让内心失去希望。真正的爱是有一个人永远在身边,不离不弃。

> 如果有人陪伴,永远也不会觉得孤单。虽然你不曾经常向对方告白,但是那种坚守能说明一切。陪伴,是给爱人最长情而又动听的告白。如果喜欢一个人,就努力陪伴在对方身边,好好珍惜。

第二十六章

育儿情绪：再忙也要当好孩子的情绪教练

　　心理学研究表明，处于积极情绪的孩子很少生病、心态乐观、享受亲密的家庭关系、学习事半功倍。如果你还在为了家庭教育问题发愁，不妨先让自己成为一名合格的情绪教练。

情绪是孩子内心的朋友

对孩子来说,情绪是一个陌生而又深奥的东西,但在日常生活中又常伴左右。那些不良情绪就如同小树上应该被修剪的枝杈,拥有积极、健康的情绪才有利于成长。

家长作为心智成熟的人,要及时发现和纠正孩子的不良情绪。不过,他们常常忽略一个问题:情绪其实是孩子内心的朋友。如果没有充分理解孩子的情绪,或者孩子没有准确意识到自己的情绪,家长就贸然采取行动,往往会适得其反。

有一家儿童早期教育机构,致力于引导孩子准确表达自己的情绪,完善他们的心智及情商。在这里,每个孩子都能得到尊重,哪怕他们无端发脾气,而老师是孩子们永远值得信赖的伙伴。

艾米是这所学校的一个学生,喜欢哭闹。这一天,她又在大厅里哇哇喊叫,老师立刻赶过来,问道:"亲爱的,发生了什么事?"

艾米一边哭一边说:"我碰了一下露西。虽然给她道歉了,可是她不肯原谅我。我很难受,让我哭一会儿吧!"

老师试着安慰艾米:"这的确是一件令人难过的事。不过没关系,她可能太生气了,等一会儿她就会原谅你。"

但是,老师的安慰丝毫不奏效,艾米仍旧流着眼泪。"好吧,让老师陪你待一会儿吧!"老师的请求又被艾米拒绝了,而这个可怜的孩子仍旧哭泣不止。

过了一会,艾米的哭声停止了。老师走过去,发现她早已把刚才的不愉快忘了,正在和其他小伙伴一起玩耍,看上去心情非常不错。

哭是一种表达情绪的方式,艾米非常难过,所以让她哭一会就能解决问题。孩子伤心的时候,可能并不需要任何人的陪伴,让他们单独体验一下情绪，过后就会恢复如常。

让孩子做情绪的主人，学会和自己的内心相处，家长不可乱帮忙。显然，帮助孩子学会照顾自己的情绪，比出手干预更有效。

当孩子生气、悲伤的时候，许多家长会极力否定这种情绪，妄想立刻把孩子从不良情绪中拉到现实世界。但是，这是不可能实现的。这时候，你只需告诉孩子说出内心的感受，并提醒他们下次遇到这种情形应该怎么办，就足够了。

情绪是孩子内心的朋友，放手让孩子学会与喜怒哀乐相处，对提升他们的心理承受力很有必要。对家长来说，让哭泣的孩子体验伤心，让高兴的孩子更高兴，才是做好孩子情绪管理的重要内容。也就是说，让孩子学会接受痛苦和快乐这两种情绪，而非不知所措。

在孩子的世界里，"情绪"这个抽象的概念不存在，他们只能从喜怒哀乐中感受心情的变化，并寻找发泄不良情绪的通道。

引导孩子与情绪做好朋友，是家长的重要职责。相信孩子处理情绪的能力，也是一种关爱。一方面，要引导孩子学会控制自己，另一方面要给予孩子足够的空间，不去干预他们的任何情绪，学会与特定的情绪相处。

> 做好孩子的情绪教练，家长要善于引导，更要学会放手。教会孩子如何与情绪相处比安慰更重要，因此聪明的家长不会阻碍孩子对情绪的认知与处理。

多动症缘于情绪固化或混乱

容易发怒、性格孤僻、无法静心……这些都是多动症的表现，孩子出现这种状况往往暴露出了潜在的情绪问题。如果不能提早发现这种症状，并引导孩子控制情绪，会影响到孩子日后的身心健康。

"多动症"的专业名称是"注意缺陷障碍",特发于儿童学前时期,活动量多是最基本的症状。患有多动症的孩子注意力不集中,参与事件的能力差,与特定的外部环境有密切关系,尤其是家庭环境。

比如,家庭经济困难、内部成员不和睦、教养方式不当等,都会对孩子的心理健康产生不良影响,造成情绪的固化或者混乱,使孩子丧失与生俱来的情绪自我调节能力。

苏珊是一家公司的普通职员,家庭生活还不错,有一个5岁的儿子杰克。不过,最近一段时间,她变得焦虑起来,因为杰克患有轻微的多动症。

原来,苏珊管教孩子的方式简单粗暴,因为一件小事就大声斥责,结果杰克遇到困难或委屈时不敢表达出来,总是把真实的想法隐藏在内心深处。

其实,杰克是一个心思细腻的孩子,对任何事情都有较高的期待;然而,苏珊个性耿直,不拘小节。每次给儿子讲睡前故事的时候,苏珊总是不自觉地跳过某一段文字,结果被杰克觉察到了,并要求重读。这时候,苏珊就会很生气,甚至叫喊起来。

看过心理医生后,苏珊才知道自己的教育方式存在问题,导致杰克的情绪一片混乱。由于各种不良情绪得不到排解,杰克长期被反复叠加的复杂情绪困扰,结果丧失了自我调节情绪的能力,发展为多动症。

医生建议苏珊,教育孩子时首先要调整好自己的情绪,并且多一些耐心和关爱。经过一段调整和努力,杰克的病情有所减轻,慢慢恢复了活泼的性格,而且母子关系越来越融洽,家庭氛围也越来越和谐。

根据多动症的成因来看,家长要结合自身和周边环境帮助孩子调节情绪,减少他们内心情绪固化或者混乱的现象。

儿童心理研究者认为,孩子更需要被倾听。对家长来说,站在孩子的角度倾听他们的烦恼,想象和感知他们的心情,是亲子沟通的关键。为此,家长需引导孩子平静地说出内心的真实想法,这样有助于帮助其梳理个人情绪。

在孩子准确表达情绪的基础上,家长要明白他们的需求,并据此采用合理的方式帮助孩子调节情绪,引导他们成为乐观、积极的人。

> 多动症不是可怕的疾病,家长要认清导致这种情况的缘由是什么,并加以调整。少一些责怪,多一些引导;少一些训斥,多一些耐心,才能成为孩子的知心朋友。

全力救赎孩子的任性情绪

任性是每个孩子或多或少都存在的通病,我们可以称之为孩子的天性。然而,过分任性并不值得提倡,家长有责任帮助孩子调节这种不良情绪。

从心理学角度分析,孩子过分任性是一种低情商的表现,主要体现了其自制力薄弱、个性偏执等特点。此外,对自我失去控制,完全由着自己的性子来,孩子也会给人留下缺乏教养的印象。

研究显示,家庭教育是孩子产生任性情绪的主要原因。一方面,家长及其他长辈对孩子过分溺爱,容易导致孩子我行我素,只考虑个人感受;另一方面,家庭教育简单粗暴,也容易导致孩子滋生叛逆心理,言行上缺乏责任感。

露西生活在一个富裕的家庭,因为是独生女,爸爸妈妈对她非常宠爱。平时,只要是用钱能解决的,露西需要的,他们都会尽量满足。时间长了,露西身上流露出娇惯的不良习惯。

周一早晨,爸爸急着上班,可是露西一直都在玩橡皮泥,还一直询问自己捏的小兔子像不像。最后,爸爸失去了耐心,训斥了露西,她才闷闷不乐地去上学。

到了学校,老师看到露西不开心,经过一番询问才知道是怎么回事。于是,老师连忙开导露西:"宝贝,早晨爸爸着急上班,如果迟到了，要接受惩罚。等爸爸下班了，再陪你捏橡皮泥吧！"露西似懂非懂地点点头。

下午放学后，爸爸来接露西。老师把今天的情况如实说了一遍，提醒爸爸注意孩子任性的情绪，沟通中一定要学会积极引导，不可过分纵容孩子。

在以后的日子里，爸爸注意培养孩子独立生活的能力，对露西的要求不再有求必应，让她明白有些事情不会轻易实现，总会有一些遗憾。渐渐地，露西变得通情达理了，也开始理解爸爸妈妈，能够静下来好好沟通。在爸爸妈妈眼里，露西成了一个懂事的孩子。

孩子的心智尚未成熟，对许多事情缺乏是非判断能力和理解能力，如果家长不进行有效引导，孩子极易变得任性。完全按照自己的喜好做事，不考虑他人的感受，这对孩子的成长没有任何益处。一个任性、自私的人能有什么作为呢？

让孩子明事理，是家庭教育的重要内容。家长必须全力引导孩子理解这个世界，哪些事能做，哪些事不能做，形成正确的逻辑思维能力与判断能力。当然，在调试孩子的任性情绪时，家长要注意方法，根据时间、地点、情境的不同采用不同的策略。

一旦孩子任性而为，家长要分析背后的根源是什么。许多时候，孩子任性不一定是由内而外，可能纠结于某件事或某个物品。只有认清原因，并从中疏导，才能及时帮助孩子摆脱任性情绪，回归正常的生活。

当然，孩子任性也有其积极的一面。适当的任性代表着孩子的某种个性，有助于培养孩子的主动性和创造性。这需要家长在当好情绪教练的时候把握好度。

> 任性不是孩子人格的表现，往往事出有因，家长不要如临大敌。只要耐心引导，发现孩子有哪些迈步过去的坎，就能帮助他们摆脱眼前的困境，重回快乐幸福的时光。

学会分享情绪，才能亲近孩子

孩子遇到麻烦或不开心的事，都会有自己的小情绪。这时候，他们尤其需要家人的理解和陪伴，能够分享内心的感受，进而得到帮助。比如，在学校得到表扬，孩子希望家长分享这种快乐；受到委屈的时候，他们渴望得到安慰。

善于分享孩子的情绪体验，家长才能亲近他们，成为他们心目中值得信赖的人。然而，习惯以命令式的口吻教育孩子，甚至千方百计控制孩子，正在成为许多家长的教子之道，这不能不说是一种遗憾。

卡尔有一个富有的爸爸，能享受到最好的物质生活，似乎一切要求都能得到满足。不过，爸爸给卡尔安排了各种各样的课程，从不征询孩子的意见和感受，显得有些霸道。

这一天，卡尔上完补习班回到家里，一言不发地回到自己的房间。妈妈喊他出来吃饭，竟然得不到回声。一连好几天，卡尔都是这个样子，爸爸和妈妈不知道为什么变得沉默寡言，不禁担忧起来。

过了几天，爸爸接到补习班老师的电话，说孩子已经好久没来上课了。到了晚上，卡尔按时回到家，爸爸走过来严厉地责问为什么不去上补习班。卡尔毫不在乎，只是说自己厌恶学习。随后，爸爸对卡尔大家斥责。

没想到，到了第二天傍晚，卡尔始终没有回家。后来，爸爸到卡尔的房间查看有什么异常，在抽屉里找到了一封信。大致内容是，卡尔从来得不到爸爸的问候，只给物质上的满足，内心感觉很压抑，学习压力无人倾诉。

至此，爸爸幡然悔悟，对自己过去的做法非常懊恼。后来，在老师和同学的帮助下，卡尔被找到了。在以后的日子里，爸爸和妈妈非常注重与卡尔进行情感交流，再忙也会抽出时间说心里话。爸爸学会了站在孩子的立场考虑问题，学会了分享孩子的情绪，一家人变得和睦融洽。

心智尚未成熟之前，孩子缺乏情绪掌控能力，此时家长尤其需要经常与孩子交流，了解他们的感受，以及遇到的麻烦和困难。学会与孩子分享情绪，帮助他们走出困境，不仅是孩子健康成长的需要，也是密切亲子关系的重要方式。

对家长来说，不必恐惧孩子陷入不良情绪中，那不是什么严重的问题；重要的是，你时刻掌握孩子的情绪变化与心理需求，能够及时帮助他们摆脱不良情绪的困扰。当孩子需要帮助的时候，如果家长没有及时给予援手，不仅会损害孩子的心智，也会让他们感觉你不称职。

首先，多站在孩子的立场考虑问题，无论遇到任何问题都加强沟通。其实，沟通就是分享的过程，你与孩子保持平等的身份，自然容易赢得对方信任。家长端着架子训诫孩子，最容易让他们产生抵触情绪。如果无法亲近，你又怎么能够相信孩子会说出真心话呢？

其次，在沟通与观察的基础上，说出孩子内心的感受与需求，更容易令其感同身受，得到理解和温暖。家长与孩子平等交流，准确说出孩子的心理诉求，会让他们对你产生信任感、依赖感。有了这个基础，他们自然会主动与你分享内心的情绪体验。

> 孩子悲伤时，家长的陪伴让他们感觉更温暖；孩子快乐时，家长的理解让他们快乐加倍。学会分享孩子的情绪，才能更好地亲近孩子，成为无话不说的好朋友。

第二十七章

管理情绪：只有控制好自己，才能领导他人

在一个团队中，如果你能更多地控制自己的情感和情绪对行为的影响，能更敏锐地觉察到他人的情绪，那你一定能极大地改善与各方面的关系。

高情商领导都是情绪的主人

一个人最大的敌人不是别人,而是他自己。领导者受到内心欲望、外部利益的干扰,很容易失去理性,在团队管理上乱了章法,在组织决策上出现重大失误。

麦当劳公司创始人雷蒙·克罗克说:"我学会了如何不被难题压垮,我不愿意同时为两件事情操心,也不让某个难题,不管多么重要,影响到我的睡眠。因为我很清楚,如果我不这样做,就无法保持敏捷的思维和清醒的头脑以对付第二天早晨的顾客。"

不能控制自己的人很容易受外界环境影响,明明知道自己不对,却不能下决心改正,对自己的情绪状态很难调节,对领导者来说这是一种缺陷。事实表明,在管理工作中,自制能产生信用。一个无法控制自己的领导者不能管理好自己的事务,也不会有效管理团队。

布朗是一家广告公司的经营者,由于业务开展得很顺利,他心情不错,对事物总是持有乐观的看法。无论客户还是员工,都非常喜欢他。

公司业务从一个城市拓展到另一个城市,业务员始终不离不弃。他天生就是一个鼓舞者。每当有老朋友询问近况,布朗会说:"我过得很好,非常喜欢现在的工作和状态。"如果哪个员工心情不好,他也会告诉对方怎样乐观地看待生活。

多年来,无论遇到什么事情,面对多大困难,布朗都能乐观应对,丝毫不会表现出无力感。

"你的情绪这么好,如何做到的?"一位做生意的朋友前来取经。

布朗回答:"每天早上,我一醒来就对自己说,你今天有两种选择,可以选择心情愉快,也可以选择心情不好。我选择心情愉快!"

"每次有人跑到我面前诉苦或抱怨,我可以选择接受他们的抱怨,也可以指出积极的一面。我选择后者。"

"每次有坏事发生时，我可以选择成为一个受害者，也可以选择从中学习一些东西。我选择从中学习。"

多年来，布朗始终保持积极乐观的情绪，主动调整心情，所以面对再大压力和困难，他都比常人更能你从容应对，表现出卓越的领导智慧。

领导者每天处在繁忙的工作中不得抽身，每天看到的都是严峻的问题和挑战。如果不懂得掌控情绪、调节心情，恐怕很难撑到最后，早就垮掉了。

比如，企业管理者在生意冷清、存货积压严重、债权人纷纷上门催款的情况下，往往会乱了分寸。这时，他们若稍有不慎就大发雷霆，给员工留下撑不住场面的不良印象。反之，如果领导者处变不惊，在危难情况下仍然能够做到不抱怨、不发脾气，往往能让员工感到心安，最终一起共渡难关。

领导能力的高低在很大程度上取决于你的人际交往能力。如果知道如何管理情绪和情感，你将更加成功。

成为好领导其实就在一念之间。在管理工作中，比的是能力，是策略，更是情商。高情商的领导一般都有不俗的表现，因为他们是情绪的主人，不仅善于控制个人情绪，也能有效调整团队的心理。

> 当组织发生意外，经营遇到挫折的时候，领导者最重要的是保持一份乐观、单纯的心态，这是渡过难关的法宝。不要对未来失去信心，也不要陷入埋怨之中无法自拔。

非理性决策带来厄运

那些伟大的领导者遇到任何麻烦，都能沉得住气，不会因为暂时的失败就颓然不堪，更不可因为一丁点小成绩就骄傲自大。无论面对什么情况，最重要的是保持冷静，否则必定乱了心神，丧失公正决断的智慧。

过于情绪化并不是好事，长时间悲伤容易抑郁，总是怒火中烧则伤肝，过度欢喜则很可能乐极生悲……所以，适当控制自己的情绪，才会保持良好心态，做到理性处事。

　　一个人的情绪并不是一成不变的，它会随着环境、心情、遭遇等多种因素变化，并会伴随我们终生。情绪一般都是非理性的，幻觉、灵感以及直觉等都属于其中的一部分。不可否认，在某些时候直觉往往是正确的，但这并不代表它在任何时候都是可以信赖的。领导者在决策的时候千万不要被这些非理性的因素所迷惑，以免悔恨万分。

　　美国南北战争期间，陆军部长斯坦顿来到林肯的办公室，气呼呼地说："一位少将竟然用侮辱的话指责我偏袒某些人！"

　　林肯听了非常同情斯坦顿，还建议他立即写一封内容尖刻的信，回敬那位可恶的家伙。当时，林肯甚至强调："可以狠狠地骂他一顿。"

　　斯坦顿非常兴奋，立刻写了一封措辞强烈的信，然后拿给总统看。林肯看了之后说："措辞还可以更犀利一些，要把你的怒火完全发泄出来。"接着，斯坦顿开始写第二封信。

　　"对，就是这么说。"林肯看了第二封信，连连叫好。"要的就是这个效果！好好训他一顿，就没人敢惹你了。"

　　斯坦顿觉得非常满意，准备把这封信寄出去。但是，林肯却立即拦住了他，问道："你干什吗？"

　　"马上把信寄出去呀！"斯坦顿有些摸不着头脑了。

　　"不要胡闹！"林肯大声说，"这封信不能寄出去，快把它扔到炉子里烧掉。凡是生气时写的信，我都是这么处理的。这封信写得很好，显然你已经消除了努力，那就立刻把信销毁吧！重新写一封措辞诚恳的信，维护好你们的关系。"

　　正如林肯所说，那封信如果寄出去，后果将不堪设想。陆军部长和少将之间的矛盾如果无法调和，整个军队都会受到不利影响。林肯更具大局意识和领导风范，他及时制止斯坦顿的鲁莽行为，避免了更大的麻烦。

对领导者来说，因为没有控制住情绪而做出错误的决策，最后造成重大损失，这种情况屡见不鲜。工作和生活从来都不是一帆风顺的，我们会悲、会喜、会怒……但是一个理智的领导者不会让这些不良情绪影响到自己的决策和判断。

被坏情绪困扰时，多提醒自己遇事保持理智，这样一来就能避免不少非理性决策所带来的损失。不要在高兴的时候做决定，不要在愤怒的时候做决策，不要走捷径，不要对糖衣炮弹感兴趣，如果能做到这几点，你就可以称得上是比较理智的领导人了。

在日常管理中，坏情绪会让正确决策成为泡影。一个领导者如果连自己的情绪都掌控不好，自然无法理性做事，也不会得到好运的眷顾。对领导者来说，理性做事是最基本的要求，深思熟虑后再做反应，方能避免出错。凡事由着自己的性子来，最后通常会很难收拾局面。

> 心情好，则事成一半；心情差，则事情必败。在求取成功的道路上，领导者要时刻保持冷静和理智，尽量作出理性的分析和判断，从而避免因感情用事带来的毁灭性恶果。

创造接纳沟通的情绪氛围

一个优秀的企业，意味着拥有显著的组织绩效，意味着拥有强劲的竞争力，更意味着拥有一个卓越的团队。良好的团队的情绪氛围在一个团队中更是起到中流砥柱的作用。

团队的情绪氛围是一个多面体，包含很多方面：如团队凝聚力内聚力、团队竞争力、团队决策力以及团队人际关系等方面。只有把握好这些团队情绪的各个因素，才能建立起一个优秀的团队。

任何一个人的情绪都很容易受到周边人或者团队氛围的影响。在一个积极的团队中，消极低沉的队员也会被团队的气氛所感染，慢慢改变自己的情绪状态。创造良好的情绪氛围不仅会发挥出1+1>2的效力，还会让队员鼓起自信，变得更加默契。

沟通不仅是一种说话技巧，更是一种社交艺术，在团队建设中发挥着不可替代的作用。正如哈·纪伯伦所说："一场争论可能是两个心灵之间的捷径。"一个人沟通能力强，自然善于表达，并懂得聆听，而这恰恰是领导力不可或缺的组成部分。

托马斯·桑德斯三世是一家投资公司的银行家，他专门找寻成长中的公司，为其联络投资公司。身为企业界发掘未来之星的高手，他平时较为注重那些擅长与客户沟通的公司。而他最近拜访的一家珠宝批发公司就精于此道。

桑德斯花了一天时间参观这家公司，但是在电话销售处呆了5分钟，就明白了这家公司成功的关键。她说："这家公司处理顾客电话是非常有效率的，并且所提供的服务质量也相当高。'没问题'，'请你参照我们的目录第600页，就可以找到价目表了'，一个电话大概15分钟，但是期间完全高效率，确保了高质量的服务。"

像这样让顾客知道公司的深切关怀，一定是吸引顾客的亮点所在。所以，这样善于与顾客沟通的公司也一定会成功。在一个良性沟通的团队中，组织绩效一定非常出色，而这与领导者的管理密不可分。

卓越的领导力有一个重要表现，就是当事人谦逊为人、谨慎行事，他们懂得放低姿态把更多的人聚拢在自己周围，耐心倾听大家的想法，创造良性沟通的氛围。即便遇到难缠的员工或下属，他们也懂得激励大家敞开心扉，化解潜在的冲突。

因此，能真正激励别人的沟通才是有效的沟通，才能在弥合分歧的基础上让大家一致行动，这也是所有成功者拥有卓越领导力的重要表现。由此看来，好的领导者不会安于现状，也不会固步自封。他们不仅会保持在行业领域内的顶尖水平，还会提升在其他各个领域的知识和理解力。

美国前总统里根被称为"伟大的沟通者",这称绝非徒有虚名。变幻莫测的政界让他了解到与自己所服务对象沟通重要性。所以即使身居高位,他也仍保留着阅读选民来信的习惯。这并非是他的创举,早在一百多年前,亚伯拉罕·林肯总统也是这样做的。

当时,任何美国人都可以直接向总统请愿,所以林肯经常亲自回复请愿者的信,偶尔让助理帮忙。虽然这遭到不少人的批评,因为当时正值国家内战,联邦待援也处于非常时期,但是林肯总是对这些小事亲力亲为。因为他深知自己的职责所在,而民意是行使职责的基础。

罗马剧作家帕布里亚斯·席洛斯在两千年前就说过,"只有在他人对我们感兴趣时,好感才会不由自主地涌上心头。"所以,凡事都尝试着接纳别人,会创造一种信任、合作的氛围。拥有更高的领导力,就要大胆地说出自己心中的想法,也尝试着去做一个合格的听众,让没有生机的观点在热烈的讨论中得以重生。

> 在团队沟通这个问题上,领导力强的人会调动他人的积极性,促使对方敞开心扉,充分表达想法,并耐心倾听。

开展有效的情绪管理

心理专家认为:"一个人的心理状态常常直接影响他的人生观、价值观,直接影响到他的某个具体行为。因而从某种意义上讲,心理卫生比生理卫生显得更为重要"。面对内部复杂的管理、外界激烈的竞争,许多领导者有了"心病",而且病得不轻。

对肩负重任的领导者来说,及时发现自身存在的心理问题,开展有效的情绪管理,才能有效增强心理素质,提升领导能力。

一位经理早上醒来,发现闹钟没有响,眼看就要上班迟到了。他顾不上吃早餐,急急忙忙地往公司赶。路上为了赶时间,他不得不闯红灯,最后被警察拦下,开了罚单。

最后,这位经理仍然迟到了。进了办公室,他发现昨天交代助理寄出的信件还放在桌子上,于是顿时火冒三丈。他把助理叫进来,斥责了一顿。

助理不敢说什么,心里也怒不可遏。随后,他拿着信件走到内勤主管面前,责怪对方没有提醒他寄信。

内勤主管无端被骂,心里很不爽,便在休息的时候故意向清洁工找茬。她借题发挥,批评清洁工不认真工作。

清洁工丝毫没有辩驳的能力,只能把火憋在肚子里。回到家,清洁工看见丈夫懒散地躺在沙发上,各种垃圾丢了一地,便和对方大吵起来。

丈夫被骂,心里也很憋屈。恰巧儿子今天放学回家有点晚,他便借此机会把儿子收拾了一顿,发泄心头的怒火。

无端被爸爸不分青红皂白地斥责,儿子愤愤地回到屋里。见到家里的猫咪躺在凳子上,便一脚踹过去。

可怜的猫咪心里很不是滋味,满脸委屈:"我招谁惹谁了?"

健康心理的维护是领导者所必须注重的一项心理内容,也是预防心理异常的最好方法。面对困境、危机和压力,如果领导者倒下了,那么整个团队离失败也就不远了。因此,学会自我调适,开展有效的情绪管理,是管理者的当务之急。

第一,正确对待工作中的紧迫感。身为团队领导,每天要面对繁重的管理工作,压力之大超出常人想象。强烈的紧迫感让人无所适从,难免精神紧张。为此,领导者要学会自我调剂,包括提升工作效率,避免因压力过大导致心绪紊乱。

第二,保持和谐的团队关系。领导者处在一个特殊的位置,在工作中要面对纵横交错的人际关系网络。工作中善于沟通,建立和谐的人际关系，有助于收获好心情。有了良好的人际关系，才能有健康的心理，否则就容易乱了方寸。

第三，处理日常事务坚持量力而行。人贵有自知之明，对自己的能力和体力应有正确的估计和认识。感到力不从心时，切不可凭匹夫之勇，急躁冒进，而应"有理、有利、有节"，抱着求实的精神，注意劳逸结合，适可而止。

第四，学会适当的放松技巧。领导者在工作中不免要出现紧张情绪，在处理一件棘手之事，或持续劳累一天以后，应及时放松自己，不可影响到休息和睡眠。

> 不良情绪会破坏人的正常思维，让一个有胆略的人失去理性。而在日常工作中开展有效的情绪化管理，构建良好的情绪氛围，不但有助于管理绩效提升，更是对外取得竞争力的筹码。